Money錢

Money 錢

Money錢 | 2017修訂版

抓住 ▶▶▶ 看圖選股 找出最佳買賣點

飆股 輕鬆賺

朱家泓 著

目錄

第 **1** 篇 ▶ ## 波浪型態
教你做對方向

Contents

第**2**篇 ▶ K線 告訴你多空勢力

第**3**篇 ▶ 均線切線 讓你看穿支撐與壓力

目錄

第4篇▶ 價量關係 為你道盡籌碼供需

第5篇 ▶ 看圖選股 精進賺錢功力

第6篇 ▶ 投資心法 戰勝自己才能戰勝股市

附錄 ▶ 學會辨認型態 股市無往不利

來學每年賺1倍的功夫

當了22年的股市菜鳥，歷經了股市3次萬點行情，一路走來，我始終賺少賠多。直到5年前，我接觸了技術分析，從最基本的技術分析學起，整整上課學習了一年，雖然學費很貴，但比起在股票市場賠的錢，不算貴，我這才明白為什麼22年來在股市一直投資失利的原因。相信技術分析，讓我終於翻身，達到每年看圖選股賺1倍的目標，改變了我在股市一直賠錢的命運！

4年前，當我把晶豪科（3006）獲利了結賣出的那一天，心裡有股說不出的滋味，這檔股票足足讓我賺了112%。投資股票22年了，我第一次有這麼好的成績！之前那22年，我幾乎沒賺到什麼錢。

歷經萬點崩盤 股票賺多賠更多

我在民國74年就開始投資股票了，當時年近四十應不惑的我，是個職業軍人，略有積蓄，看到身邊朋友個個做股票有賺錢，自己也認為用錢賺錢比較快，於是開始進入股市。

然而，當時的股市對我而言，是希望的天堂，也是絕望的地獄。

就像大多數的散戶一樣，在民國79年萬點崩跌的前幾年大多頭時間，我的確賺到不少。在這個時期，我買賣股票都是看完

新聞後，「憑感覺」決定，每次賺錢，就自己覺得很厲害。

尤其是在79年2月12日股市創下歷史高點12682點的前一個月，股票幾乎天天漲停板，號子（證券經紀商）裏人人搶買股票，整個市場就好像發瘋一樣。直到大盤創下12682點新高後，多頭情勢自第2天開始急轉直下，之後一路崩跌至2485點。結果，我在這之前5年所賺的錢，在這8個月內全部賠光光不說，到最後還倒賠呢！經過此一教訓之後，我才發覺股票市場不是那麼容易就能賺錢的。

即使經歷過萬點崩盤，我對股市仍然不死心，然而，當時我是職業軍人的身分，原本工作環境中對股票資訊的來源就相當貧乏，因此，只能買些財經報紙，聽收音機的股市分析，繳費參加投顧公司的會員，看簡訊做股票。

儘管我自認為已做了不少股票投資功課，結果仍然是賠多賺少，就算偶爾「矇」到1檔飆股，因為不會找賣點，很快就從賺錢抱到賠錢，賠了更捨不得砍掉。

民國84年，我從軍中退伍，與朋友合開了一家禮品印刷公司。軍人創業的困難可想而知，終日為公司的生存而奮鬥，雖然無暇於股票投資，偶爾手癢，想說進場碰碰運氣，但還是無法賺錢。

57歲菜鳥的覺醒 從最基本的技術分析學起

就這樣，我在股海中浮浮沉沉22年，一直摸不清問題在那裡，投資仍沒有一點心得，不管是賺錢或賠錢，都不知道原

因，始終還是股市菜鳥。

在艱苦經營禮品印刷公司後，一晃11年過去，直到民國95年，沒想到貴人在身邊，與我相識近20多年的好友李大哥，在銀行界服務數十年後退休，他在家專職投資股市，看我公司經營辛苦，勸我轉行學習用技術分析選股及操作股票，做個專業的投資人。

這時我已經57歲了，回想過去漫長的投資歷程，都沒有留下讓我可以遵循的投資心得，實在是該學一些紮實基本功了！在這樣的因緣之下，95年2月，我到李大哥介紹的貞元教室上課，從最基本的波形波向技術分析學起，整整上課一年。

在上課期間，我一直在檢討以前做股票失敗的原因，結果分析如下：1. 看不出股票要走的方向。2. 根本不知道應該何時買？更不知道何時要賣？3. 只會做多不會放空。4. 看電視、聽新聞、問朋友、聽明牌找股票。其實以上問題，在技術分析之中都可以找到答案。

相信技術分析 第一次操作就獲利逾倍

在學了技術分析之後，96年1月5日，我看到晶豪科（3006）的圖形位於初升段回測態勢，在盤整一個半月後的出現大量突破盤整區的紅K線，符合技術分析的進場買點，因此，當時我以36.6元買進，沿10日均線操作，截至1月31日跌破10日均線，才以50元賣出。

2月6日，晶豪科的股價回升，依多頭操作紀律，回測後再上

漲時買進，我在當日收盤前以48.5元買進，之後該股股價沿著10日均線發展，一直到3月21日，股價跌破10日均線，我以75元賣出，結算下來，短短2個半月獲利達112%，獲利逾1倍，心中交雜著訝異、喜悅的感覺，這是我第一次完全遵守技術分析操作的驚人獲利成績。

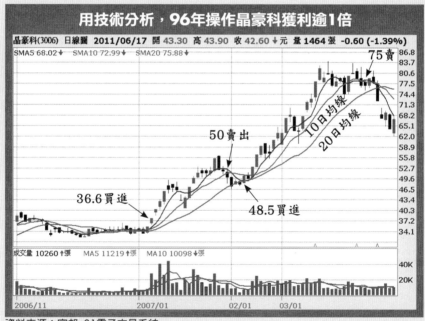

用技術分析，96年操作晶豪科獲利逾1倍

晶豪科(3006) 日線圖 2011/06/17 開 43.30 高 43.90 收 42.60 ↓元 量 1464張 -0.60 (-1.39%)

SMA5 68.02 ↓ SMA10 72.99↓ SMA20 75.88↓

75賣
10日均線
20日均線
50賣出
36.6買進
48.5買進

SMA5 86.8 83.7 80.6 77.5 74.4 71.3 68.2 65.1 62.0 58.9 55.8 52.7 49.6 46.5 43.4 40.3 37.2 34.1

成交量 10260 ↑張 MA5 11219 ↑張 MA10 10098 ↓張

40K 20K

2006/11   2007/01   02/01   03/01

資料來源：富邦e01電子交易系統

97年5月14日，我看到合晶（6182），符合多頭行進中回測完再次上漲的條件，當天開盤就往上跳空上漲，盤中出現大量過3日前K線高點，我在167元買進，可是到了5月23日，合晶股價

跌破10日均線，依照多頭操作紀律，我在收盤前165元賣出，損失2元收場。後來，該股價一路下跌到54.8元，如果我沒有學技術分析，結果又會像以前那樣賠錢慘重。

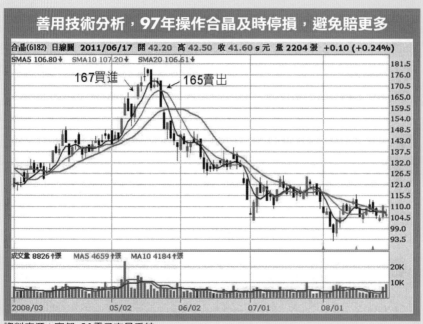

資料來源：富邦e01電子交易系統

信任技術指標＋嚴守紀律 才能看對

其實學技術分析，用功一點，3個月就能學完所有指標了。只要認得字就可以學，不管是老人、小孩或有沒有錢，都可以學。不過學完後，我花了大約3年時間，才克服人性的弱點，徹底「悟道」。最難的還是在克服人性，做到百分之百的紀律。

　　我認為，要做到「信技術指標像是信神一樣！」信神得永生，信任技術指標才會得到財富。技術指標當然不可能每次都對，可是經驗值持續累積之後就會明白，只要做到該買就買、該賣就賣，100次之中可以對90次，剩下10次，錯了也不會讓人致命。

　　做了20幾年不賺錢的散戶，後來我在幫親友上課時，有無數的散戶情緒問題可以分享。只是說得再多，有時候朋友一見面還是問：「那檔XX股票怎麼辦呀？」我只能無奈提醒：「那檔股票你已經放了快30年了啦！」但對方就是不願意賣，真的是學線型簡單，克服人性真難。

　　就算世界上真有穩賺不賠的方法，人性上很難做得到。雖然方法已經很明確，但股票市場每天還是都有人看對、有人看錯，也許該慶幸因為人性容易出錯，所以能做到嚴守紀律的人，才能站在贏家的那一方。

股價漲跌因素多 只有線型不會騙你

　　就我自己學習的經驗，加上觀察周遭親友學技術線型的情況，歸納出入門最困難的2件事。其一，是技術線型不但要先認識單項指標，實際運用還必須綜合幾個指標，才能完整判斷出正確情勢。就像學基本面一樣，只看營收或毛利率不夠，還要把本益比、產業現狀等因素加進來綜合考量。

　　再者，許多人會看線、會畫線，但是一進場買賣，就整個亂了套。這就好像開車一樣，考駕照的時候，筆試100分，所有的

規則都背得清清楚楚，但是一上路，卻常闖紅燈、超速，罰單接不完。

因此，如果心存僥倖、遵從自己的想法勝於規則，是使用技術線型的心魔障礙。不過，一旦克服心魔、練到上手，就能一直遵循同樣的「戰法」賺錢，做任何動作都有依據，頂多根據經驗微調戰法。

買賣有明確依據是讓人最安心的事，尤其對散戶來說，什麼叫高？什麼叫低？基本面很難告訴散戶，但技術面可以。而且，影響股市的因素非常多，不只基本面變化，資金、心理、政治等因素都參雜進來，最後這些因素形成的股價和成交量，都會忠實地呈現在圖上。

雖然篤信技術線型，但我並不是否定基本面選股。如果不想常看盤、要長線操作的人，還是應以基本面為主，重點不是股價，而是賺配息，所以找過去獲利穩定、配息率高的公司就沒錯。不過，散戶若偏好短線進出，就要研究技術面才有優勢。

股市要賺錢 必學飆股戰法＋目標管理法

隨著經驗值增加，目前我已把禮品印刷公司結束營業，專心看盤，以找到強勢飆股為目標，以股本小、產業趨勢熱、盤面主流股為主，出現漲停板鎖住是觀察重點，稱之為「飆股戰法」。

如果沒辦法那麼積極，也可以改成沿著均線操作，先確定是不是股價已經出現低點一底比一底高、高點一峰比一峰高的多

頭走勢，然後在當日收盤價突破前一日最高價的時候買進。買進之後，看是沿5日、10日、甚至20日均線操作都可以，沒有跌破均線就續抱，反轉跌破均線就出場。

還有，學技術分析的投資人一定要做目標管理法，而且是以每年賺1倍為基準。如果每年要賺1倍，那麼每周至少該賺2.1%。這樣的做法有幾個優點：有目標就得執行，每周會強迫自己選股進場，但是目標不高，所以能避免無謂的貪婪。而且選的都是上升趨勢股，賠錢馬上出場，風險其實很小。就算一開始達不到目標，但重要的是強迫自己進場試過股市水溫，上手才會快，否則紙上談兵，很難進步。

我要特別強調，散戶想在股市賺錢，真要有強烈的企圖心和積極的學習力才行。

計畫＋方法＋守紀律 每年賺1倍不是夢

要把投資股票當做事業經營，必須要有計畫去執行，在本書的第6篇特別為讀者介紹「股票獲利目標管理」的方法，這個方法是我目前操作策略的依據，有計畫、有方法、守紀律去執行交易，達到每年賺1倍以上的目標，決不是件困難的事。

初入股市的朋友，對技術分析一知半解，似懂非懂，沒有系列完整的瞭解，因此本書特別就技術分析的四大金剛——波浪形態、K線、均線切線及成交量做清晰完整的介紹，這4項技術分析是最基礎、也是最重要的工具，只要讀者能熟練此四大金剛，綜合靈活運用，就足以在股海中成為贏家一族。

本書各篇的重點如下：

● 第1篇教你「波浪型態」，學完後，立刻能夠看清股票要走的方向，對趨勢的研判十拿九穩。

● 第2篇教你「K線的變化」，學完後，立刻知道股票的買賣點及轉折點。

● 第3篇教你「均線切線」，學完後，立刻知道為什麼買的股票不漲，什麼樣的股票圖形會飆。

● 第4篇教你「價量關係」，學完後，對主力籌碼的進出立刻瞭若指掌。

● 第5篇教你「綜合應用」，學完後，立刻看圖選出好股票，會設停損，也會停利。

● 第6篇教你「操作心法」，學完後，立刻導正以往錯誤的觀念及做法，讓你投資EQ一百，信心滿滿。

● 附錄教你「圖形型態」，學完後，立刻瞭解出現的型態賺錢的機會在哪裡，賺錢的目標有多少。

出書緣由：飲水思源 技傳有緣人

98年6月6日，好友陳先生介紹我到飆股學堂，這裡是王老師、李老師、大為兄等幾位佛心人士，為了一些做股票的好朋友在一起研討而創立的教室，大家一起分擔教室的費用。

經過幾次的參與，我發現許多到教室的股友，對股票技術分析一知半解，我希望他們能夠有系統且完整的學會基本的技術分析，因此，開辦基礎技術分析課程，沒想到上過課的同學反

應熱烈。基於教室很小，無法容納太多想學的朋友，我因而興起把技術分析教學內容編書出版，讓想要學習技術分析的朋友也能夠透過書本一起學習。

　　因為，我個人曾經在股市中虛度22年，幸好有良友指引學習的方向，遇到良師傾囊相授，得以頓悟股市操盤方法，這些都是貴人良緣。飲水思源，無以為報，只有感恩幫助過我的朋友、老師，謹將所學編印成書，希望也能幫助想學好股票操作的有緣人。

　　　　　　謝天、謝地、謝家人。
　　　　　　謝師、謝友、謝貴人。

　　謹以此書獻給熱愛股票的朋友

2011年7月

不信技術分析的慘痛經驗

　　這是我在寫書中發生的真實事情，更堅定我寫這本書的初衷。請你靜心用5分鐘看完本章紀事，就能體會為什麼我要請做股票的朋友們一定要精通技術分析的用心了。

朋友投資宏碁股票失利的始末

　　一位好友在2010年12月22日買入（2353）宏碁股票，買進價位92元，由於該股當時股價已由高點99.4元跌下來，他認為跌了不少，因此買了10張。

　　12月24日，也就是第3天，他才告訴我，並問我這支股票如何？當天股價最高來到93.5元，收盤時是92.7元，我建議他應當賣掉，至少不會賠錢。我建議他賣掉的原因，純粹是以技術分析來看：

1. 均線死亡交叉往下，呈空頭排列。
2. 股價在月線下方為偏空，當日反彈到月線壓力下跌。
3. 股價早在2010年12月16日就跌破上升趨勢線。
4. 高檔量縮，無力上攻。

　　可惜，這位好友就像一般散戶的想法一樣，認為宏碁是好公司，業績一直都不錯，在歐洲是第一品牌，想當然他是不會相信我的技術分析，自然沒有賣出股票。

　　過了一星期，在2011年1月4日那天，我看到宏碁的股價已經往下跌破盤整了5天的低點，我打電話問朋友，股票是否還在，如果還在，今天收盤前趕快賣掉，當天收盤88.8元，小賠3.8元，約4.2%。無奈，他還是對宏碁的品牌堅信不疑，他說只是小跌，一支反彈就可以回本，自然還是不賣。

　　在2011年1月13日盤中，我看到宏碁的股價反彈見到85元，立刻告訴朋友，趁反彈趕快出脫，現在賣只賠7元，不到8%，可是朋友的大論又出來了：「沒關係，我可以放著配股配息，長期投資也不會吃虧。」他還是不願賣出。

　　結果，宏碁在3月25日發布大幅調降第1季營收預估值，由原預估成長3%，下修至季減10%，消息見報，股價連兩天跳空跌停，要賣也賣不出去。3月31日，該公司執行長蘭奇閃電請辭，4月1日，公司對外喊話，並且發布砸32億元買庫藏股消息，可是股價再破低價到57元，朋友當日下午來找我，問我股價怎麼會這樣？一張賠了3.5萬元，10張賠了35萬元，我只好跟他說，就當做一次慘痛的經驗吧！

技術分析早已告訴你真相

　　當股價開始往下跌的時候，我們散戶根本不會知道背後是什麼原因，當利空消息出來都已經是3個月以後了，可是，公司經營的人當然知道自己的業績數字好不好，所以等到利空見報，股價早已一去不復返了。

　　這個真實的非故事，在股市中天天發生，我自己十多年前，

也經歷過同樣的慘劇，如今我絕對信奉技術分析，尤其有持股
的時候，一定嚴守技術分析的出場紀律。

宏碁股價由多翻空日線圖（2010/12～2011/4）

資料來源：富邦e01電子交易系統

▲上圖說明：

❶ 2010/12/15 均線死亡交叉向下，次日跌破上升趨勢線。

❷ 2010/12/22 收盤前92元買進，當日均線空頭排列。

❸ 2010/12/24 反彈到月線，遇壓力下跌。

❹ 2011/01/04 跌破盤整下頸線位置。

❺ 2011/01/13 反彈不過前波高點，再下跌。

❻ 2011/03/25 反彈不過前波高點，公司發布業績下滑，連2日跌停。

❼ 2011/04/01 公司發布實施庫藏股，股價繼續下跌。

信任技術分析才能帶來財富

股海浩瀚，云云眾生沉浮其中，如果沒有明確的方向與一套正確的方法，想要在這殺戮戰場中獲利賺錢，實非易事。

多數的股市散戶，沒有大筆的資金，沒有金融財經背景，沒有第一手的公司內部消息，只想用辛苦積蓄的一點錢買股票，希望能夠賺錢，在股市衝出撞進，無奈總是事與願違，賠多賺少。

散戶想要在股市中生存，唯有技術分析是最忠實的倚靠，公司基本面會做假帳，消息面也不一定是真，即使是真，老早是主力大戶、公司法人的舊消息了，說實在的，只有每天交易的數量、金額、股價，這3個數據才是真的。

交易數量、金額、股價正是構成技術分析的要素（有些指標加上時間及強度）。

前面所提朋友投資失利的故事，清楚點出「好公司的股價一樣會大跌」的道理，當你知道消息時，股價早已大跌一段，只有在技術圖上，早早忠實的反應出來，它要大跌了，你看不懂、聽不出、信公司、想長抱，當然只有賠錢的份了。

俗話說：「給你吃魚，不如教你釣魚」。換句話說：「給你明牌，不如教你四大金剛」。本書教你技術分析的四大金剛，

就是在股市釣魚的釣竿，讀者只要按部就班學會正確的技術分析，透過股市中實戰的驗證，訓練自己對股票走勢的分析研判，自己選出股票，自己依紀律操作，當賣出股票賺錢的同時，除了興奮之外，那踏實獲得的利潤，才是你在股海揚帆終身的保障。

你下定決心要在股市中賺錢了嗎？

投資筆記

第 1 篇

波浪型態
教你做對方向

波浪型態是研判股票走勢方向最單且明確的方法，本篇教你如何判斷多頭、空頭、盤整方向及特性，並且詳細說明如何畫出轉折波及趨勢波。

從波浪型態可以簡單的知道趨勢方向是否改變，以及改變後的走勢變化，只要做對方向，就是股市的贏家。

第1章

看懂波浪型態
掌握賺錢趨勢

　　每個人都知道，股票要是做錯方向，當然不可能賺錢，但是一般沒有學過技術分析的投資人，經常看錯方向而投入資金。

　　其實，要想在股市淘金，最基本功夫，就是要能看懂當下股市大盤以及個股的方向，從股價走勢圖的「波浪型態」，你可以看出股票是往上走勢、往下走勢，還是處於盤整走勢，也可以看出多空轉變的過程，得知支撐與壓力的位置，可以提供進場的買點、出場的賣點，並透過股價走勢圖的波浪型態的角度，看出股票強度。

　　我們在聽廣播或看電視，經常聽到專家分析大盤或個股時說：「現在仍然處於多頭上漲走勢中。」其實你不必羨慕，只要學會了波浪型態，你一樣能夠知道現在是多頭上漲、多頭回檔，還是空頭下跌、空頭反彈。

▍什麼是波浪型態？

　　1934年，艾略特（Ralph Nelson Elliott）應用美國華爾街股市75年的資料，歸納其中的架構，發表了「波浪理論」。他由股

市每天、每週、每月及長年的走勢過程，經過日積月累的繪圖之後，發現股市的走勢如同大海的海水，時而風平浪靜，時而上下起浪，時而波濤洶湧，因此取名為「波浪理論」。

如果我們能掌握波浪的起伏變化，即可預測未來的方向，好的衝浪高手，必須能夠適時抓住大浪起始時跳上浪頭，才能乘風破浪一路往岸邊前進。

股票的漲跌也是如此，當股價上漲時的方向，我們稱為上漲方向；股價下跌時的方向，我們稱為下跌方向；股價在一個區域上下波動往橫的方向行進，我們稱為盤整。

因此，股價走勢不外乎下列3種：

1. 上漲：股價走上升波。
2. 下跌：股價走下跌波。
3. 盤整：股價在一個區間內上上下下。

學會如何判斷這3種走勢，以及瞭解每種走勢的特性是學習本篇的重點。

股價往上過了高點稱為「突破」，向下過了低點稱為「跌破」。股價往上突破壓力後，又向下接近原壓力點測試是否變成支撐，稱為「回測」。

　　波浪型態是判斷股價趨勢的重要工具，依據波浪型態的走勢方向，可以清楚看出股價目前前進的方向是上升、下跌還是盤整。同時，從波浪型態可以判斷出支撐與壓力所在，並且能夠預知行情是否反轉，作為我們訂定出股票操作策略、進出場的依據，從波浪型態的角度也可以看出股票的強度。以下提供分辨波浪型態3種走勢的判斷原則。

▌判斷上升波

　　當波浪在往上走的時候，可以發現股價不斷創新的高價，即波頭一次比一次高，而回落修正時的低點，也同樣一次比一次高，呈現一頭比一頭高、一底比一底高的現象。

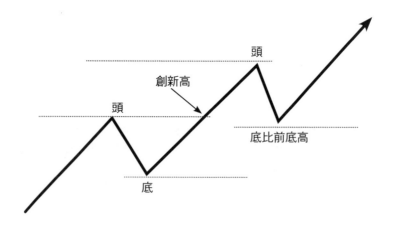

▌判斷下跌波

當波浪下跌的時候，可以發現股價不斷創新的低價，即波底一次比一次低，而反彈修正時的高點，也同樣一次比一次低，呈現一頭比一頭低、一底比一底低的現象。

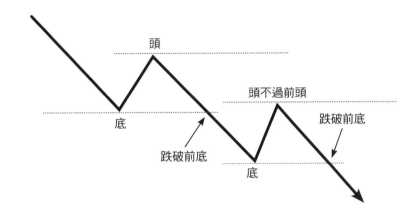

操作股票就像打高爾夫球，你的競爭對手就是你自己！高爾夫選手追求自我桿數的突破，股票專業投資人則追求提高操作股票的勝率，減少失誤，兩者同樣要有穩定的情緒及嚴格的紀律要求，才可能有好的表現。

▌判斷盤整波

除了上升波、下跌波之外的橫向走勢均為盤整波。盤整波有以
下4種可能：

1. 頭不過前頭高點，底不破前　　2. 頭過前頭高點，底跌破前面
　　面低點，呈現三角收斂。　　　　　低點，呈現喇叭狀。

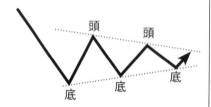

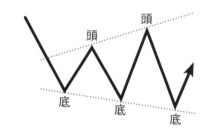

3. 頭與頭高點相近，底與底低點　4. 波形混亂，頭底忽高忽低，
　　略約相近，呈現箱型盤整。　　　　呈現方向趨勢不明。

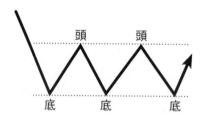

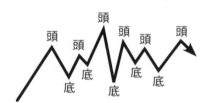

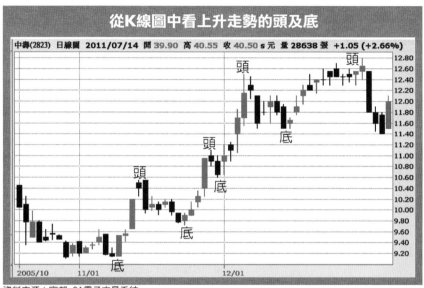

資料來源：富邦e01電子交易系統

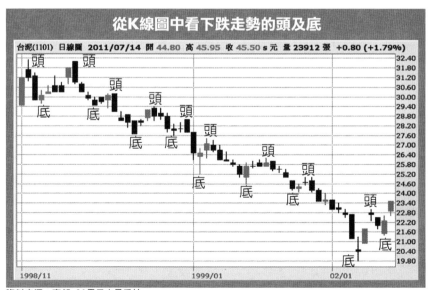

資料來源：富邦e01電子交易系統

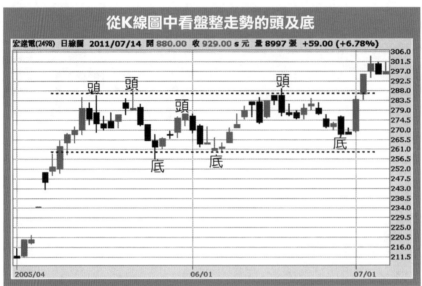

從K線圖中看盤整走勢的頭及底

資料來源：富邦e01電子交易系統

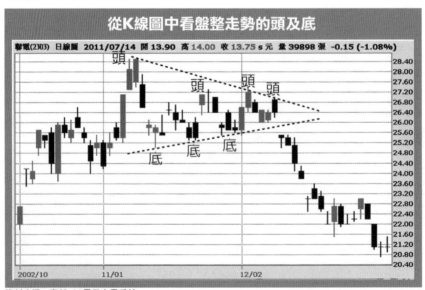

從K線圖中看盤整走勢的頭及底

資料來源：富邦e01電子交易系統

第**2**章

認清股市循環4階段 投資立於不惑之地

　　股票市場永遠經歷4個循環階段，每個階段的形成都有一定的背景及現象產生，所以當我們在看一檔股票的時候，要分析目前是處於什麼階段，自然不會被短期的過熱或過冷給迷惑。同時，在不同的階段，我們採取的操作策略也大不相同。以下為股市循環的4個階段：

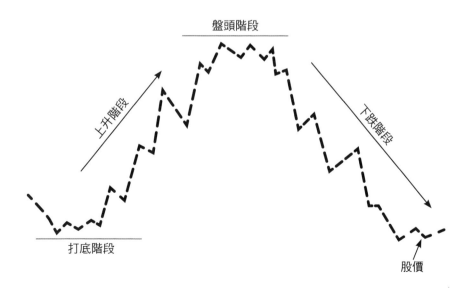

盤頭階段

上升階段

下跌階段

打底階段

股價

▌判斷打底階段的方法

股市在打底階段會出現以下6種現象：

1. 平均股價處於低檔。
2. 大部分績優股物超所值。
3. 利空不跌，橫向盤整。
4. 市場極度悲觀。
5. 斷頭、追繳、違約交割出現。
6. 量縮價穩，試圖盤底。

▌判斷上升階段的方法

股市在上升階段會出現以下4種現象：

1. 績優股帶頭表態。
2. 底部出現「底底高」波形。
3. 利空鈍化，開始出現政策性利多。
4. 成交量擴大，市場人氣回溫，買進行動積極，游資不斷湧入市場，股價持續上漲，呈現價量齊揚格局。上升階段又可分為初升段、主升段、末升段，這時期類股輪流上漲，投機氣氛濃厚，由於比價補漲，促使股價全面上揚。

▌判斷盤頭階段的方法

股市在盤頭階段，股價高、人氣旺，正是主力出貨的好時機。在此一階段會出現以下5種現象：

1. 主流領導股開始盤頭或出現下跌走勢。

2. 融資不斷增加到達高水位，融券漸漸回補。

3. 利多不斷，股價卻不漲，一有利空，股價則下跌反應。

4. 股價上下震盪激烈，人心極為樂觀。

5. 股市出現天量之後，股價開始下跌，之後雖再上漲，因無法
繼續創新高而下跌。

▌判斷下跌階段的方法

如果股市出現以下2種現象，則代表處於下跌階段，此時，手
上有持股的人要迅速獲利或停損出場，並宜採取空手或做空的
操作策略。

1. 成交量萎縮，反彈行情短暫，無法越過前波高點或壓力。

2. 利空消息不斷打擊市場，遇到利多卻只有一日行情，股價跌
多漲少。

投資股票一定要抵擋股價上漲的誘惑及下跌的恐懼，並且
學會從圖形看清方向，順勢而為，這樣才能順水推舟、事
半功倍，賺多賠少。

第**3**章

抓住波浪型態的特性
掌握做多做空位置

「波浪型態」是由股票買賣而自然形成，也是市場供需關係的結果，因此，一個趨勢的形成是經過一段時間市場的認同，當趨勢方向明顯出現，就是我們掌握賺錢的好機會。

多頭的特性就是不斷的創新高，經過創新高後就再拉回休息，準備下次的攻擊創新高。依據這個觀念，你在選擇進場的位置就要思考以下2個問題：

1. 是否在創新高的時候買？
2. 選在拉回休息之後再上漲時買？

▌創新高價時買進的時機

如果創新高時買進，代表該股票還會繼續走多頭，但是同時也在預告他越過高點之後將會拉回，因此你的利潤有限，並且隨時會遇到股價回檔。這樣看來似乎不是好買點，其實，創新高買進的策略，在走勢當中的某些位置是很好的買進點，也可以說當股價創新高時在以下位置可以買進，不過，其他位置就不是很理想的切入點。

1. 當空頭來到低檔區，經過量縮價不跌的打底，走勢漸漸墊
   高，這時帶量上漲，突破前面高點創新高，是買進的時機。
2. 當股價往上突破盤整的平台高點創新高，是買進的時機。
3. 如果是支飆股，可能只拉回一、二天，立即往上再創新高，
   當然是搶進的買點。

　創新高的買進，停損點要設在突破前面高點的那一點，例如
前面高點20元，創新高後以20.5元買進，停損設為20元。

1. 底部打底後創新高買點

2. 突破盤整平台的創新高買點

3. 飆股拉回後再創新高買點

▋ 拉回休息後再上漲時買進的時機

　股價漲多自然要拉回休息或是橫盤休息，橫向盤整的買點，
在前面已提到「創新高價時買進的時機」，現在探討拉回之後
的買點。

　拉回修正，在沒有跌破前面低點就止跌回升，多頭的波浪型
態仍然沒有破壞，此時股價再上漲時，是進場的好買點。

1. 這個買點比創新高價位低，如果多頭沒有改變，可以多賺到
   上漲的那一段利潤。

2. 買進後如果漲到前面高點無法創新高上漲,你要意識到波浪
型態可能要改變了,此時賣出股票還不會賠錢。

1. 上漲後拉回,再上漲時的買點,
可以多賺到再上漲的波段。

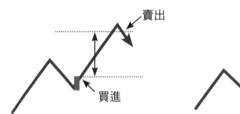

2. 上漲後拉回,再上漲時的買進,
遇到高點不再創新高賣出。

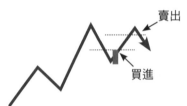

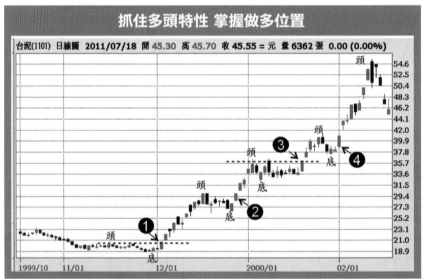

資料來源:富邦e01電子交易系統

▲上圖說明:

❶ 底部打底後創新高的買點。 ❸ 突破盤整平台創新高的買點。

❷ 上漲後拉回,再上漲時的買點。 ❹ 上漲後拉回,再上漲時的買點。

空頭的特性就是不斷的創新低價，經過創新低後就再反彈一段，遇到上面的壓力，再繼續下跌。依據這個觀念，你在選擇做空的位置就要思考以下2個問題：

1. 是否在創新低的時候做空？

2. 選在反彈遇壓力後再下跌時做空？

▌創新低價時做空的時機

如果創新低價時做空，代表該股票還會繼續走空頭，但是同時也在預告他隨時會反彈（跌深遇支撐或乖離過大都會反彈），因此你的利潤有限。

這樣看來似乎不是好空點，其實，創新低做空的策略，在某些位置是很好的做空點，也可以說在下列位置可以做空，其他位置就不是很理想的切入點。

1. 當多頭到高檔區，經過做頭的波浪型態，出現一頭比一頭低現象，這時下跌（不一定會出現大量），跌破前面低點創新低價，是做空的時機。

2. 當下跌一段之後盤整，股價往下跌破盤整的平台低點創新低，是做空的時機。

3. 如果是支急跌股，可能只反彈一、二天，立即往下再創新低，當把握反彈機會繼續做空。

創新低的做空，停損設在前面低點的那一點，例如前面低點20元，創新低後以19.5元價做空，停損價為20元。

1. 頭部做頭後創新低，做空。

2. 跌破盤整平台後創新低，做空。

3. 急跌股反彈後再創新低，做空。

▌反彈一段之後再下跌時做空的時機

　　股價跌多了會反彈或是橫盤休息，橫向盤整的空點，在前面已提到創新低時做空的時機，現在探討反彈之後的空點。

　　反彈一段之後，在沒有突破前面高點就止漲下跌，表示空頭的波浪型態仍然沒有破壞，此時股價再下跌時，是做空的好空點。

1. 這個空點比創新低價位高，如果空頭沒有改變，可以多賺到再下跌的那一段利潤。

2. 做空後，如果沒跌破前面低點繼續創新低就止跌上漲，你要意識到波浪型態可能要改變了，此時回補股票還不會賠錢。

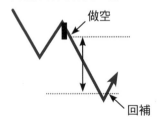

1. 下跌後反彈，再下跌時的空點，可以賺到再下跌的一段。

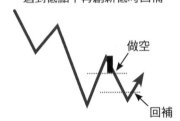

2. 下跌後反彈，再下跌時的做空，遇到低點不再創新低時回補。

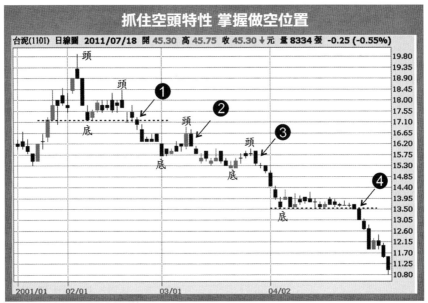

資料來源：富邦e01電子交易系統

▲上圖說明：

❶ 頭部做頭後創新低的空點。

❷ 下跌後反彈，再下跌時的空點。

❸ 下跌後反彈，再下跌時的空點。

❹ 跌破盤整平台，創新低的空點。

第4章

來學基本功
認識轉折波與趨勢波畫法

　　畫轉折波與趨勢波是技術分析最重要的基本功，轉折波是看短期走勢，趨勢波看的是趨勢方向。

　　股價上升或下降皆會產生上下價差及運行方向。由連續上升或下降的週期長短所產生的高低點連線，可以畫出波動，用此波動的圖觀察，可以研判股價要走的方向，因此，可以掌握多空或反轉的脈動。

　　轉折波就是把日K線走勢中轉折的高低點取出（即為前面波浪型態的頭及底），連接這些頭及底而成為波浪型態圖。

▌轉折波的4種功能

　　為什麼要學好判斷轉折波的基本功夫？因為，轉折波具有以下4種功能：

1. 看短期波浪型態，確認當下是多頭、空頭，還是盤整。
2. 用來確認波浪型態是否產生改變。
3. 由波浪型態改變畫趨勢波，看趨勢多空。
4. 轉折波是面對市場當下走勢操作的依據，非常重要。

█ 轉折波的畫法

以下就來學轉折波的畫法:

1. 以5日均線為依據來畫轉折波(5日均線是股價最新5天收盤價的平均值的移動曲線)。

2. 以收盤價來看,股價在均線上方的K線,我們一律看做正價(在該均線期間內買進都賺錢)。股價在均線下方的K線,我們一律看做負價(在該均線期間內買進都賠錢)。

3. 當股價收盤往下跌破均線時,取均線上方正價群組的最高點(含上影線)。

4. 當股價收盤往上突破均線時,取均線下方負價群組的最低點(含下影線)。

5. 依序由左至右,將取到的高低點連接起來,即完成轉折波。

6. 重要原則:

(1) 不可遺漏最高點及最低點。

(2) 在下個點產生前,如果所取的高低點右邊有更高或更低的點,該高低點要往上或往下位移。

(3) 高低點交互選取,取完高點接著取低點。

操作依波浪型態研判多空,但買賣須要順勢而為,最好大盤、同一類股、個股都同一方向(即三順股)。

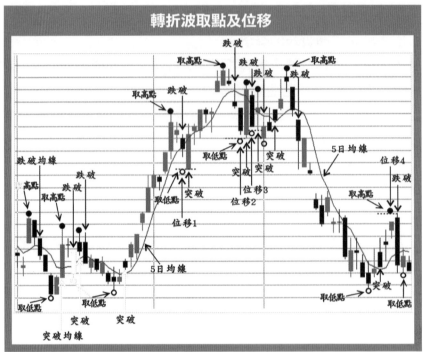

資料來源：富邦e01電子交易系統

▲上圖說明：

1. 以5日均線為依據。

2. 在收盤價跌破均線與收盤價突破均線的K線中，取最低點（上
   圖中的圓圈「○」）

3. 在收盤價突破均線與收盤價跌破均線的K線中，取最高點（上圖
   中的黑點「●」）

4. 位移1、位移2、位移3，此三處低點右邊有突破均線的K線，
   該K線的最低點比這三處的低點更低，因此，這三處的低點要

往下移到與右邊Ｋ線的最低點位置相同，這點即為經過位移的
低點。

5. 位移4，此處的高點右邊跌破均線的K線，此K線的最高點比位
移4更高，因此，此處最高點要往上移到與右邊K線的最高點位
置相同，這點即為經過位移的高點。

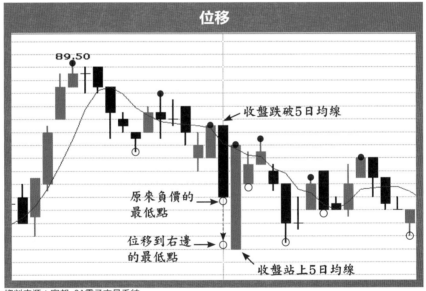

資料來源：富邦e01電子交易系統

▲上圖說明：

高低點的位移是避免遺漏最高及最低價位。如果應該位移而沒有
位移，將會造成日後的突破高點或是跌破低點誤差。

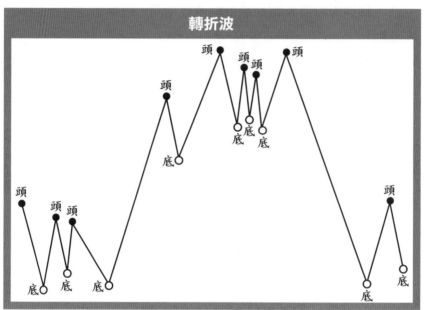

資料來源：富邦e01電子交易系統

▲上圖說明：

把42頁的K線圖高點與低點連接起來就是轉折波，頭與底的走勢
一清二楚。

▌何謂趨勢波？

當轉折波畫好，觀察股價忽上忽下，這時該如何判別長期趨勢是上升或下降呢？其實，只要畫出趨勢波，就可看出長期走勢當時仍走多還是已轉走空。

所謂「趨勢波」就是要找出趨勢改變的轉折點，我們在前面敘述過，多頭走勢的特性是一直走「頭頭高」、「底底高」，當走勢變成「頭頭低」、「底底低」時，表示趨勢方向改變。由此可知，當上升波見到跌破前面低點時，趨勢方向改變，這時在前面取最高點，就是趨勢由多轉空的轉折點。

同樣，當空頭時一直是「頭頭低」、「底底低」，當走勢出現「頭頭高」、「底底高」時，表示趨勢變成多頭。因此，當下跌波出現突破前峰高點時，趨勢方向改變，這時在前面取最低點，就是趨勢由空轉多的轉折點。

▌趨勢波的畫法

以下就來學趨勢波的畫法：

1. 以轉折波畫趨勢波。
2. 以轉折波來看，當轉折波「頭頭高」、「底底高」時為上升波 ，一旦前波低點被跌破時，意謂趨勢改變 ，因此，在前面上升走勢區段中取最高點。
3. 當轉折波呈現「頭頭低」、「底底低」下跌趨勢時，出現突破前面高點時，在前面下跌區段中取最低點。
4. 將取出的高低點，由左至右相互連接成為趨勢波。

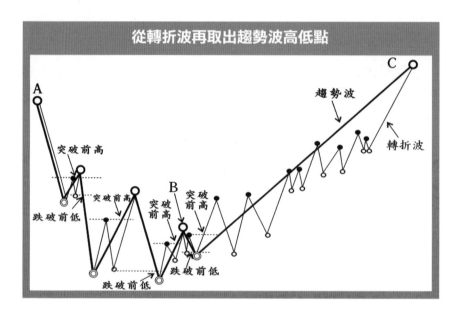

▲上圖說明：

1. 以轉折波為依據。

2. 轉折波突破前高，取前面最低點：

 （上圖中的雙圓圈「◎」）

3. 轉折波跌破前低，取前面最高點。

 （上圖中的粗圓圈「○」）

4. 高低點連接即為趨勢波。

5. 趨勢波的A到B是趨勢下跌，在下跌過程中，轉折波有3段的反彈上漲，並未改變趨勢。B到C 是上升趨勢，在上升過程中，轉折波有盤整及下跌，但趨勢未變。

第5章
輕鬆看圖
找到支撐與壓力

我們把K線走勢圖打開，利用均線把轉折波畫出來，何處是頭？何處是底？何處走「頭頭高，底底高」的多頭？何處走「頭頭低，底底低」的空頭？何處是盤整區？就一目瞭然了。同時在整個走勢中哪裡是壓力？哪裡是支撐？也是看得出來。

▌產生支撐與壓力的8個位置

行情在漲跌的過程中，以技術分析來說，有8個位置會產生支撐與壓力，這8個位置分別是：波浪的頭、波浪的底、盤整帶、盤整區間的上下切線、切線、均線、K線跳空缺口、大量成交K線位置。

以下分別說明，但是其中K線、均線、切線、缺口、成交量的技術分析在後面章節會介紹，讀者在此處先對支撐壓力有一整體認識，待閱讀完整本書後再回頭來看，將會更加清楚。

1. 波浪的前頭

支撐：當股價在頭的上方，回跌到前面的頭會產生支撐。

壓力：當股價在頭的下方，上漲到前面的頭會產生壓力。

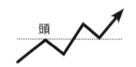

2. 波浪的前底

支撐：當股價在底的上方，回跌到前面的底會產生支撐。

壓力：當股價在底的下方，上漲到前面的底會產生壓力。

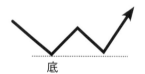

3. 盤整帶

盤整帶盤整的時間愈長累積的成交量愈大，對日後的支撐或壓力的力道也愈大。

支撐：當股價在盤整帶的上方，回跌到盤整帶會產生支撐。

壓力：當股價在盤整帶的下方，上漲到盤整帶會產生壓力。

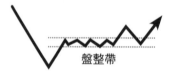

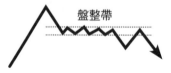

4. 盤整區間的上下切線

大的盤整區，股價在固定的區間上下震盪。

支撐：盤整區的下面切線會產生支撐。

壓力：盤整區的上面切線會產生壓力。

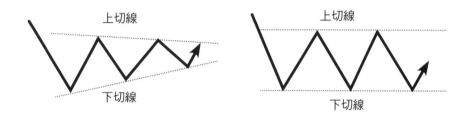

5. 切線

支撐：股價在切線上面，切線會產生支撐。

壓力：股價在切線下面，切線會產生壓力。

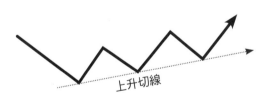

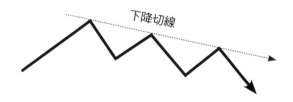

6. 均線

支撐：股價在均線上面，均線上揚，股價跌到均線會產生支撐。

壓力：股價在均線下面，均線下彎，股價漲到均線會產生壓力。

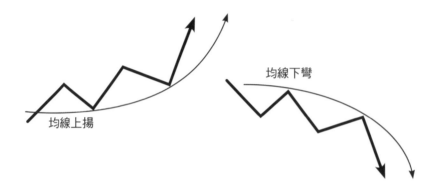

7. K線跳空缺口

支撐：股價在跳空缺口上面，股價回跌到缺口的上下沿會產生支撐。

壓力：股價在跳空缺口下面，股價上漲到缺口的上下沿會產生壓力。

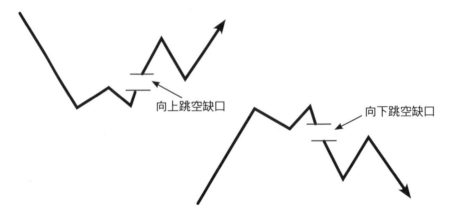

8. 大量成交K線

支撐：股價站上大量K線最高點上方，日後此K線會產生支撐。

壓力：股價跌破大量K線最低點下方，日後此K線會產生壓力。

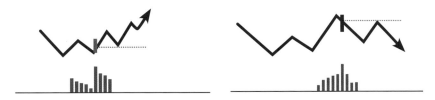

▌支撐、壓力的應用

為什麼你要熟記這些支撐及壓力，因為可作為以下投資決策的參考：

1. 決定進出位置。
2. 研判停損、停利的依據。
3. 預測走勢續多或續空。
4. 股市中常聽到説：「多頭時見壓不是壓，見撐多有撐」，多頭以支撐為觀察重點，看支撐是否跌破而轉折。
5. 股市中常聽到説：「空頭時見撐不是撐，見壓多有壓」，空頭以壓力為觀察重點，看壓力是否突破而轉折。

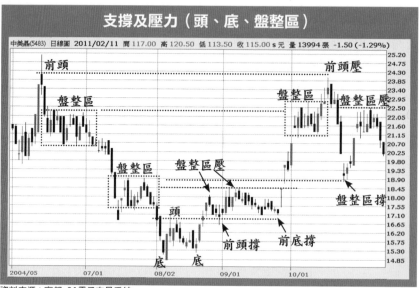

資料來源：富邦e01電子交易系統

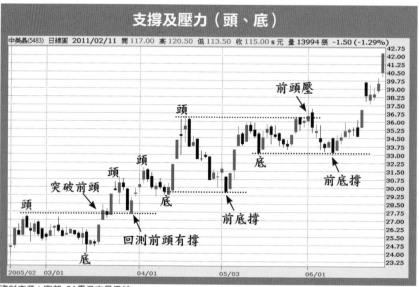

資料來源：富邦e01電子交易系統

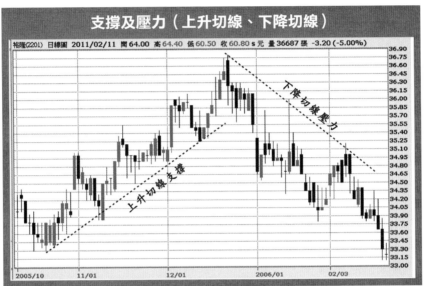

支撐及壓力（上升切線、下降切線）

資料來源：富邦e01電子交易系統

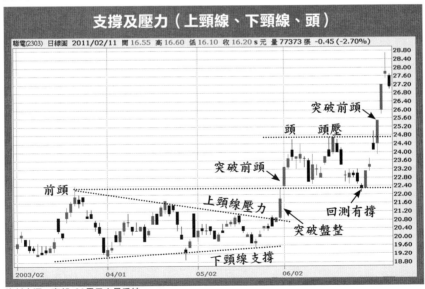

支撐及壓力（上頸線、下頸線、頭）

資料來源：富邦e01電子交易系統

第**6**章

因應多空反轉
掌握致勝策略

　　進入股市交易，你只有4種結果：大賺、大賠、小賺、小賠。因此，要設法操作到大賺與小賠，只要避免掉大賠，長久累積下來就是股市大贏家。然而，要如何才能避免大賠呢？只有用停損來控制風險了。

　　想要做好停損，首先你要能掌握波浪型態反轉的變化，並依變化提出因應策略。當走勢開始改變的初期，應該退出戰場，靜觀後續的發展，結果明確之後，再決定是否要進場，而當時的環境條件如何，在進場前要先做好分析。

　　散戶買到一支上漲的股票，往往只賺到一點點錢就賣掉，甚至於起初賺錢，到後來反而賠錢出場。探究原因是，散戶在操作的過程，無法正確的掌握股票走勢的變化，因此股票多頭的趨勢未變，只是一時的回檔修正就趕快賣出，後面的一大段賺不到，或者是趨勢已經改變而不知，結果抱著賺錢的股票到回跌，甚至到賠錢，所以我們對趨勢的改變要時時保持警覺。

　　當我們看到趨勢改變的現象時，手中的持股要立刻出場，同時對後面趨勢會改變往哪個方向，必須等到圖形走出符合哪種

走勢條件確認之後，再決定如何進場。

▌多空反轉的6種可能及因應策略

再說明一次，股價走的方向只有3個：上漲多頭、下跌空頭及橫向盤整，因此，當原來走勢出現變化時，你必須想到這3個方向都有可能。

1. 上漲多頭變化後仍走多頭

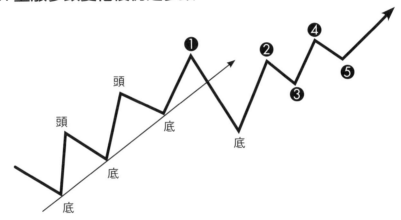

❶ 多頭走到最高點回跌，出現跌破上升切線，先出場。

❷ 反彈出現無法過前面頭部高點，此時出現「頭頭低」，繼續觀察。

❸ 回跌沒有跌破前底，出現「底底高」現象，為盤整。

❹ 上漲過前面高點，恢復多頭走勢，可開始考慮做多。

❺ 回跌不破前底，可繼續做多。

2. 上漲多頭變化後進入盤整

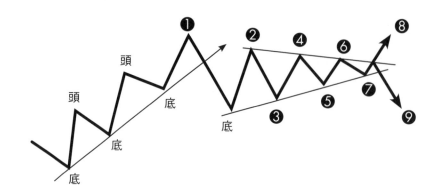

❶ 多頭走到最高點回跌，出現跌破上升切線，先出場觀察。

❷ 反彈出現無法過前面頭部高點，此時出現「頭頭低」，繼續
觀察。

❸ 回跌沒有跌破前底，出現「底底高」現象，為盤整。

❹ 反彈沒有過前面高點，仍然在盤整，繼續觀察。

❺❻❼ 出現收斂盤整，靜待盤整末端表態。

❽ 往上突破盤整上切線，繼續做多。

❾ 往下跌破盤整下切線，方向改變，做空。

3. 上漲多頭變化後反轉成空頭

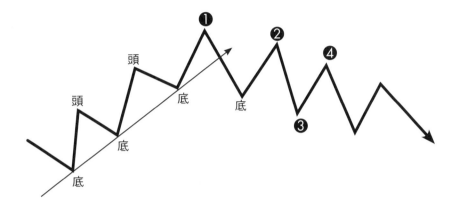

❶ 多頭走到最高點回跌，出現跌破上升切線，先出場觀察。

❷ 反彈出現無法過前面頭部高點，此時出現「頭頭低」，繼續觀察。

❸ 回跌跌破前底，出現「底底低」的現象，符合空頭的波浪型態。

❹ 反彈仍然無法過前面頭部高點，進入空頭走勢，可以做空。

4. 下跌空頭變化後仍走空頭

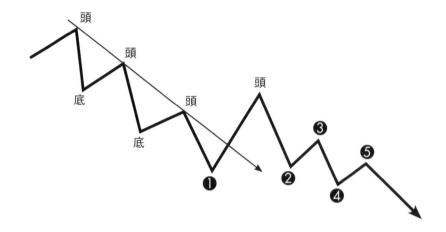

❶ 空頭走到最低點反彈，出現突破下降切線，先出場。

❷ 下跌出現未跌破前面低點，此時出現「底底高」，繼續
觀察。

❸ 反彈無法過前面頭部高點，出現「頭頭低」現象，為盤整。

❹ 下跌再出現跌破前面低點，恢復空頭走勢，可開始考慮繼
續做空。

❺ 反彈仍然不過前面頭部高點，可繼續做空。

5. 下跌空頭變化後進入盤整

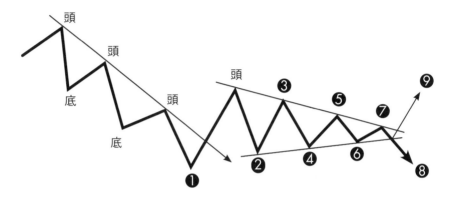

❶ 空頭走到最低點反彈，出現突破下降切線，先出場。

❷ 下跌出現未跌破前面低點，此時出現「底底高」現象，繼續
觀察。

❸ 反彈無法過前面頭部高點，出現「頭頭低」現象，為盤整。

❹ 下跌仍未跌破前面低點，仍然在盤整，繼續觀察。

❺❻❼ 出現收斂盤整，靜待盤整末端表態。

❽ 往下跌破盤整下切線，繼續做空。

❾ 往上突破盤整上切線，方向改變，做多。

6. 下跌空頭變化後反轉成多頭

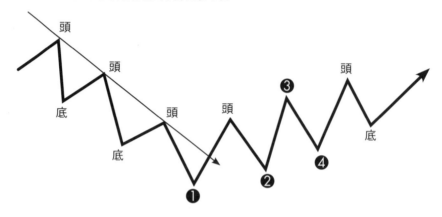

❶ 空頭走到最低點反彈，出現突破下降切線，先出場。

❷ 下跌並未跌破前面低點，出現「底底高」，繼續觀察。

❸ 反彈出現過前面頭部高點，出現「頭頭高」，符合多頭
的波浪型態。

❹ 回跌仍然沒有跌破前面低點，進入多頭走勢，可以做多。

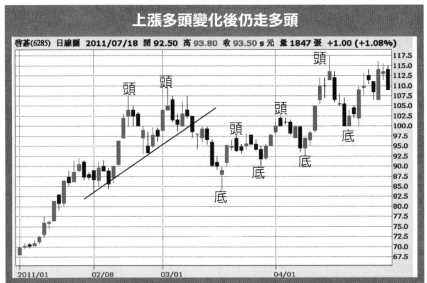

資料來源：富邦e01電子交易系統

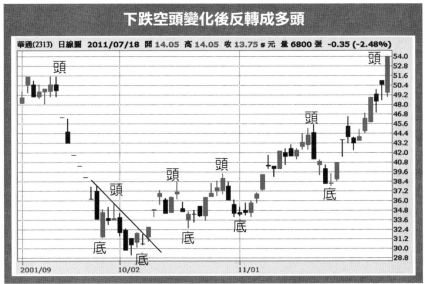

資料來源：富邦e01電子交易系統

第7章

波浪型態的
順勢操作戰法

在進場買股票前,主動權在「我」,要買什麼價位?買多少張?做空還是做多?要不要融資?這些都必須先想好,因為一旦買進股票,要漲要跌可由不得你,一切是「市場」在主導。

▍投資應有的3大重要觀念

因此,你一定要知道以下3個重要觀念,否則,在股票市場的績效不可能有好的表現。

1. 進場前要充分做好準備工作

進場前一定要做好功課,慎選標的,包括產業的研究、主流股追蹤、公司基本面及籌碼面的研究、走勢圖形的分析,以建立資料庫追蹤(所謂的鎖股),當選出次日準備要進場或出場的股票標的,要先擬定進場後操作的策略及停損停利價位。

2. 出場時要以技術分析為依據

前面說過,進場後的行情走勢不一定會依你進場前的分析發展,因此買入股票後,要以市場方向為導向。也就是說,要以技術分析做為操作的依據,即使事前研究的基本面再好、本益

比再低，如果圖形呈現相反的方向，你仍要謹守出場紀律避險，不能因為是好公司而認為股價就不會下跌。

3. 記得永遠順勢操作

多頭時只做多，空頭時只做空，可保平安，避掉套牢賠錢的風險。

多頭、空頭及盤整的順勢操作戰法

波浪型態可以研判股票走勢及方向的改變，只要依據波浪型態的特性順勢操作，不論多空都能擬定簡單清楚的操作步驟，作為進出股票操作的依據。

多頭趨勢下的操作策略

1. 順著多頭趨勢做多。
2. 打底後出現「底底高」型態，當出現帶量的長紅K棒時進場。
3. 打底反轉，第一次突破前波高點，呈現「頭頭高」時進場。
4. 突破前波高點後，回測有支撐，再上漲時進場。
5. 多頭上升行進中，回檔修正後，再次上漲時買進。
6. 多頭行進中盤整，當股價向上突破盤整區時進場。
7. 手中的持股在收盤前股價仍在5日均價之上時，可繼續持股，收盤前股價跌到5日均價之下則賣出。
8. 操作強勢上漲的個股，可用獲利加碼，往上操作。
9. 進場設定停損、獲利目標（參考第5篇第2章），以自己所訂的交易規則，依據技術面進出，直到多頭型態改變為止。

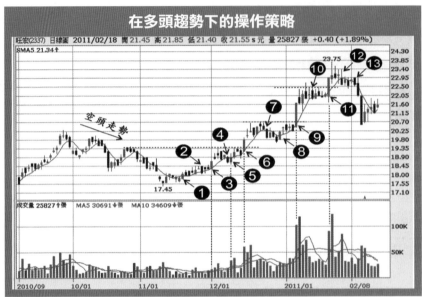

在多頭趨勢下的操作策略

資料來源：富邦e01電子交易系統

▲上圖說明：

❶ 底部出現「底底高」現象，股價突破5日均線時買進。

❷ 收盤跌破5日均線，賣出。

❸ 收盤突破5日均線，買進。

❹ 收盤跌破5日均線，賣出。

❺ 收盤突破5日均線，買進。

❻ 帶量突破盤整區，加碼買進。

❼ 收盤跌破5日均線，賣出。

❽ 回檔後，股價上漲再次站上5日均線，買進。

❾ 拉回帶量突破前波高點，加碼買進。

⑩ 收盤跌破5日均線，賣出。

⑪ 帶量突破盤整區，買進。

⑫ 收盤跌破5日均線，賣出。

⑬ 出現「頭頭低」，波浪型態改變，退出操作。

空頭趨勢下的操作策略

1. 順著空頭趨勢放空。

2. 當股價漲到高檔，頭部形成「頭頭低」下跌格局時，放空。

3. 反轉第一次出現「底底低」型態，帶量跌破前低時，放空。

4. 跌破後，反彈遇壓力再下跌時，放空。

5. 下跌行進中，股價跌深後反彈，反彈到高點，無法突破前頭高點而再次下跌時，繼續放空，稱為「反彈後下跌再空」。

6. 行進中盤整向下，跌破盤整區時放空。

7. 當手中持有放空股票時，收盤前股價在5日均價之下時，繼續持股；當收盤前股價漲回5日均價之上時，要回補。

8. 操作弱勢股，獲利可加碼繼續放空，往下操作。

9. 進場設定停損、獲利目標，以自己所訂交易規則，依據技術面進出，直到空頭波形改變為止。

放空：指手上沒有股票，先向證券商借股票賣出，等日後在市場買回再還給證券商，也就是先賣後買。如果賣出價高、買回價低，會賺到差價；如果賣出價低、買回價高，則會賠錢。

回補：指放空時向券商借股票賣出之後，在市場買回股票歸還。

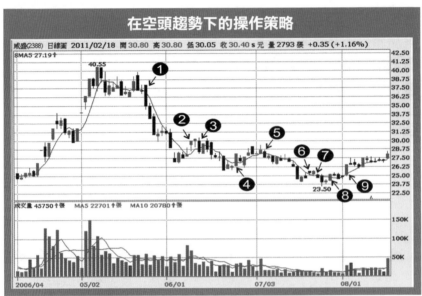

在空頭趨勢下的操作策略

資料來源：富邦e01電子交易系統

▲上圖說明：

❶ 頭部出現「頭頭低」，放空。

❷ 收盤突破5日均線，回補。

❸ 收盤跌破5日均線，放空。

❹ 收盤突破5日均線，回補。

❺ 收盤跌破5日均線，放空。

❻ 收盤突破5日均線，回補。

❼ 收盤跌破5日均線，放空。

❽ 收盤突破5日均線，回補。

❾ 出現「底底高」波形，且當日收盤價突破前面高點，表示空頭結束。

陷入盤整時的操作策略

1. 進入盤整，可採取做或不做兩種策略（除非價差很大，否則不宜操作）。

2. 如果前波走勢是多頭，盤整區間以低接高出操作。

3. 如果前波走勢是空頭，盤整區間以高空低補操作。

4. 盤整以單邊操作，避免兩頭被「巴」（多空兩邊都賠錢）。

5. 盤整時不宜採用波段操作法（可能會盤整很久）。

6. 盤整末端結束時，會表態往上或往下，要把握盤整末端突破或跌破的方向，進場買多或放空（參考第68頁圖）。

當股價進入盤整區時，最好退出觀望，理由如下：

1. 一般盤整區上下幅度不大，扣除交易費用後，獲利空間很小。

2. 你無法預測盤整時間會多久，與其資金卡在盤整區，不如另外找正要上漲或已確認多頭上漲的股票操作。

3. 如果是一支長期看好的股票，可以等到盤整結束，方向確認之後再做。

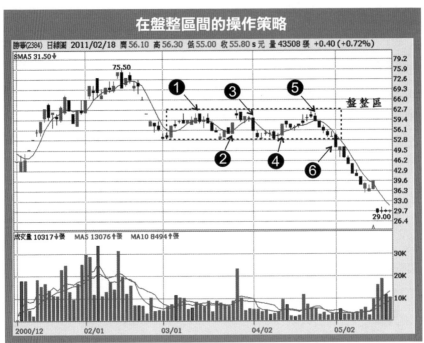

資料來源：富邦e01電子交易系統

▲上圖說明：

❶ 空頭反彈再次下跌，仍是空頭格局，繼續做空。

❷ 收盤突破5日均線，回補。

❸ 收盤跌破5日均線，做空。此時出現「高不過高、低不破低」
　 的盤整盤。

❹ 收盤突破5日均線，回補。

❺ 收盤跌破5日均線，做空。

❻ 跌破盤整區，確立繼續空頭，可向下加碼放空。

▌順勢操作必懂的12項重點

波浪型態同樣是多頭走勢的股票，哪個比較強？如何才能賣在相對高價呢？波浪出現改變要如何處理呢？這些都攸關著股票操作的成敗，下面的重點都是作者操作多年的經驗累積：

1. 一般投資人比較偏向做多，前面說過要順勢操作，因此，在股票走空的時候千萬不要做多，做多一定要等到打底，底部型態完成（至少出現底底高），上升波確立「頭頭高、底底高」後，再找做多的進場時機。

2. 「回跌後上漲再買」是指在上升走勢，股價回檔修正後再次上漲時買進，而不是在回檔中自認為低價就去買。

3. 依據波浪型態操作，股價跌破5日均線時出場。但是下列2種情況可彈性調整：

   (1) 在關鍵進場點進場，獲利未達5%，且未跌破停損價位，則可暫不出場。

   (2) 往上多頭成形，且獲利達20%以上時，下列5種情況可先獲利出場：

   ① 當日大量上漲到最高點後，股價折返下跌超過3%時先出一半，拉到平盤出清。

   ② 當日爆量不漲，收盤時股價跌破前日最低點。

   ③ 跌破上升趨勢線時（詳見第3篇第6章）。

   ④ 產生「頭頭低」，股價不過前波高點就往下跌時。

   ⑤ K線出現長黑、長上影線、帶大量的十字線等出場訊號（詳見第2篇第5章）。

4. 多頭就是不斷的在創新高價,回檔時不會跌破前次的低點。

5. 當多頭走勢不創新高就回檔,就是多頭改變的訊號,此時要密切注意手中持股,往後走勢不對,就要趕快出場避險。

6. 多頭走勢長線會保護短線,回檔套牢時比較容易解套,但是遇到反彈沒有過前波高點時,即使小賠也要立刻逃命。

7. 一般而言,多頭回檔至前波漲幅的0.382之處就止跌往上,為強勢回檔;回檔到0.5,為正常回檔;回檔到0.618或更低,為弱勢回檔。強勢回檔的股票走勢最強,正常回檔的股票次強,弱勢回檔的股票最弱。因此,同樣在走多頭的股票,當然要選強勢的股票進場。

8. 多頭走勢進場的好時機,是買在回檔止跌再次回升時,而不是突破前波高點的位置。

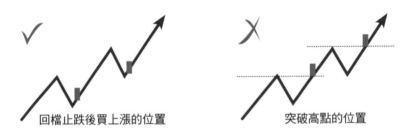

回檔止跌後買上漲的位置　　　　　突破高點的位置

9. 空頭就是不斷的創新低價,反彈不過前次高點。

10. 空頭走勢放空的好時機,是賣在反彈止漲後的再下跌,而不
   是跌破前波低點的位置。

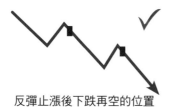

反彈止漲後下跌再空的位置

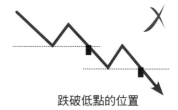

跌破低點的位置

11. 空頭走勢不再破新低就回升,是空頭改變的訊號。放空的股
   票要注意回補點,空手者觀察是否轉向有做多的機會。
12. 空頭走勢中做多,套牢時就難以解套。

第**2**篇

K線
告訴你多空勢力

K線是技術分析之母，也是當天價格
變動的忠實紀錄，本篇除了以簡單易
懂的方式說明K線的基本理論之外，
並詳述同一K線處於不同位置的不同
意義，讓你清楚知道在實際應用上容
易被騙的原因。

第 1 章

看圖選股基本功 認識K線

　　「K線」起源於日本德川將軍幕府時代，當時大阪設有堂島稻米交易所，商人在交易時，將稻米分類定價進行買賣交易，並發行「米票」，為最早的無實體交易，類似期貨交易。當時的市場大戶本間宗久每天紀錄米價的交易情形，由於把握了米價起伏、掌握到一年四季的行情動態，進而成為巨富。

▌K線為技術分析之母

　　本間宗久以「陰陽線圖」標示紀錄，從陰陽線的變化看出許多未來的行情，由於他出身阪田，所以他創造的一些交易法則被稱為「阪田法則」，而「陰陽線」也演變成今日股票市場技術分析的K線。

　　股票投資人每天看電腦、報章雜誌，所看到的股票圖形走勢都是用K線標示，而圖形中的許多技術指標，也是根據K線的資料去統計分析計算出來的。因此，稱K線為技術分析之母，並不為過。每個投資人不能不透徹瞭解K線變化的意義，否則在瞬息萬變的股市中，恐怕很難了解盤中多空力道變化的情形，以及

掌握高低轉折的位置。

▌ 學會看懂K線的8大理由

　　K線每天紀錄多空交戰的過程及最後的結果，因此，學會看懂K線，就能洞悉市場買賣雙方的強弱變化，提供自己進出股市的依據。

　　研判K線具有以下8種功能，這也是為什麼要學會看懂K線的理由：

1. K線反應每天的股價，為市場上的共同語言，也是相互溝通的最基本工具。

2. K線提供買進、賣出及反轉訊號，K線的連續圖型也顯現股價趨勢的方向。

3. K線真實反應買賣雙方當日廝殺的變化，提供我們對多空力道的研判。

4. 利用連續兩天或三天K線的變化及比較之後，可以推測未來行進的方向及方向是否可能改變。

5. 股價領先反應基本面，K線會最先表現出來。

6. K線真實的反應股票市場買賣情況，是一般投資人可以信賴的數據。

7. K線是以真實數據為依據的圖形，可以建立完整的進出交易規則，克服受情緒影響、憑感覺去操作的極大風險。

8. K線是所有技術分析之母，領先所有指標，由於最早反應出波段轉折點，往往能夠提早買到低點、賣到高點。

▌K線紀錄每天實際交易狀況

　　台灣股市每天早上9點開盤，一直到下午1點30分收盤，交易時間為4個半小時。我們把當天股價的開盤價、收盤價、盤中的最高價及最低價，稱為組成K線的四個元素，用一個圖形來表示，就是大家看到的K線，把一天天的K線連續在一起，就是K線圖了。

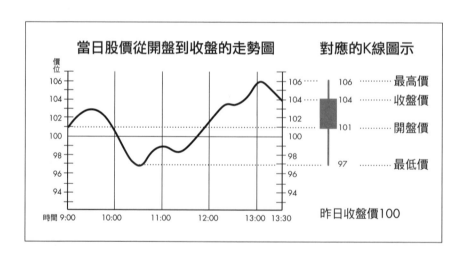

▲上圖說明：

當我們收盤後看到K線，就知道當天股價開盤101元、盤中最高來到106元、最低下殺到97元、收盤價為104元，由於當天收盤價104元比開盤價101元要高，因此當天的K線是紅色，只要看日K線，當日股價的情形就一目瞭然了。

K線為什麼有黑有紅？

在K線圖中，我們會看到紅色及黑色的K線，它們的區分是這樣的，當天收盤價比開盤價高，就用紅色標示，稱為陽線或紅K線，如前一頁的右圖；如果收盤價比開盤價低，就用黑色標示，稱為陰線或黑K線，如下圖）。

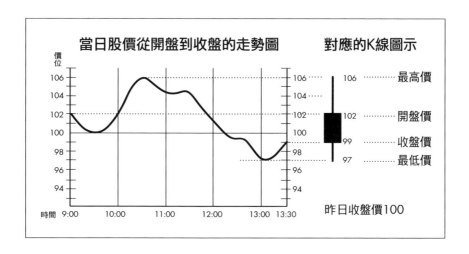

▲上圖說明：

當我們收盤後看到K線，就知道當天股價開盤102元、盤中最高到106元、最低下殺到97元、收盤價為 99元，由於收盤價99元比開盤價102元要低，當天的K線是黑色，只要看日K線，當日股價的情形就一目瞭然了。

K線的紅與黑不代表漲跌

K線的紅或黑，只是當天開盤價與收盤價的高低位置不同所做的區別，紅K線並不表示當天的收盤價一定比昨日收盤價高（上漲）；同樣的，黑K線並不表示當天收盤價一定比昨日收盤價低（下跌），看看下面的圖就清楚了。

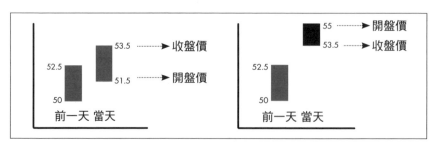

▲上圖說明：

同樣都是比前一天上漲了1元，但是K線可能是紅K線，也可能是黑K線。

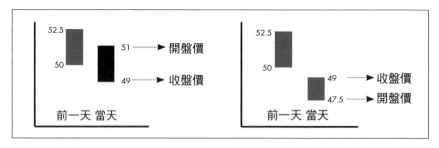

▲上圖說明：

同樣都是比前一天下跌了1元，但是K線可能是紅K線，也可能是黑K線。

▌認識**K**線圖各部分的名稱

K線圖各部分的名稱詳見以下圖解，在當日的開盤價與收盤價有價差時，才會產生K棒實體。

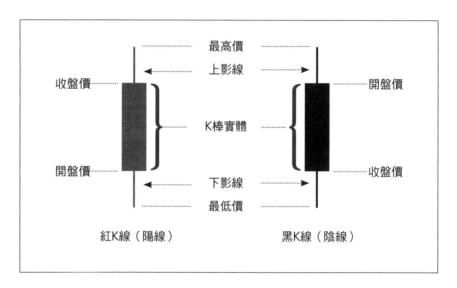

▌**K**線圖可能出現的**6**種情況

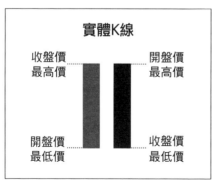

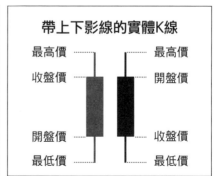

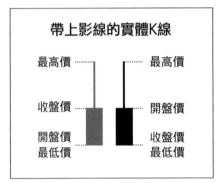

帶上影線的實體K線

最高價 ⋯⋯⋯⋯⋯ 最高價
收盤價 ⋯⋯⋯ 開盤價
開盤價 ⋯⋯ 收盤價
最低價 最低價

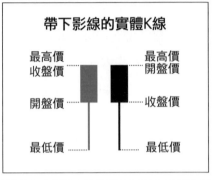

帶下影線的實體K線

最高價 ⋯⋯⋯⋯ 最高價
收盤價 開盤價
開盤價 ⋯⋯⋯ 收盤價
最低價 最低價

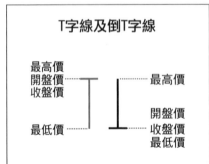

T字線及倒T字線

最高價
開盤價 ⋯⋯ 最高價
收盤價
開盤價
最低價 ⋯⋯ 收盤價
最低價

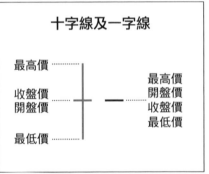

十字線及一字線

最高價
收盤價 最高價
開盤價 開盤價
收盤價
最低價 最低價

進場前，思慮要周密；進場後，操作要簡單。

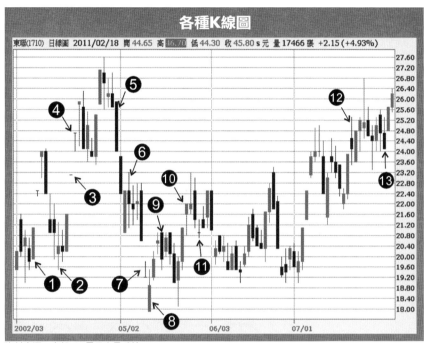

資料來源：富邦e01電子交易系統

▲上圖說明：

❶ 實體長紅K線。

❷ 帶上下影線實體紅K線。

❸ 跳空漲停一字線。

❹ T字線。

❺ 實體長黑K線。

❻ 帶上下影線實體黑K線。

❼ 倒T字線。

❽ 帶上影線實體紅K線。

❾ 帶下影線實體黑K線。

❿ 帶下影線實體紅K線。

⓫ 十字線。

⓬ 帶上下影線實體黑K線。

⓭ 帶上影線實體黑K線。

▎一起來練習畫K線

請依據當天的股價分時走勢圖，在右邊畫出當日收盤後的日K線圖：

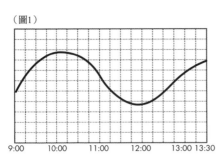

（圖1）

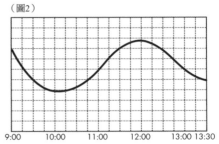

（圖2）

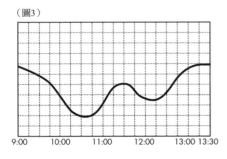

（圖3）

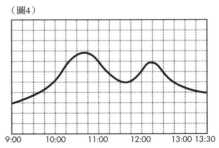

（圖4）

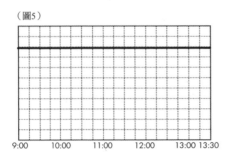

（圖5）

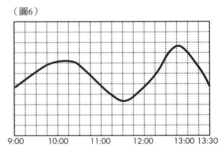

（圖6）

▎**K線好好玩──連連看**

　　以上我們學會了K線是如何形成的，再來複習一下。下方左邊
是當日不同股票從開盤到收盤的走勢曲線，右邊有不同的K線
圖，請依據左邊的圖，連到右邊正確的K線圖（答案如下）。

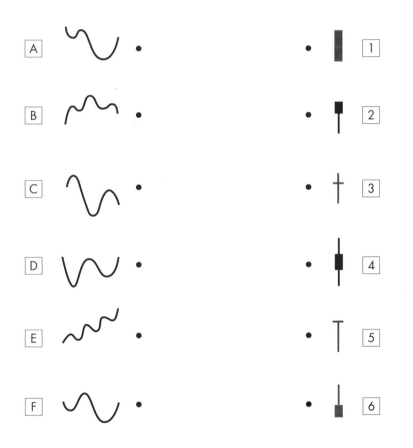

連連看解答：A-2/B-6/C-4/D-5/E-1/F-3

第2章

解讀K線密碼
辨別多空力道

　　K線的紅或黑、實體的大或小、上影線、下影線的長或短，這當中其實都隱藏了許多的秘密。

▌K線透露出多空的秘密

　　首先，要瞭解一檔股票每天的交易是漲還是跌，取決於買賣雙方誰的急迫性比較大。例如，某檔股票今日有大利多出現，就容易造成市場上想買的人很急迫，而有股票在手上的人惜售，股價自然往上漲；相反的狀況，不利的消息會造成急著要賣的人很急迫，讓想買的人縮手，股價自然就往下跌。

　　因此，K線除了告訴我們今日的4個價位，更重要的是它透露了當日買賣雙方誰的力道比較強，由雙方的強弱，可以預先知

飆‧股‧學‧堂

股價走強勢多頭的時候，今日K線收盤價突破昨日K線最高價，是多頭攻擊的訊號；反之，今日K線收盤價跌破昨日K線的最低價，是轉弱的訊號。

道股價會往哪個方向移動。

▌從K線看多空的簡單方法

如何看K線圖中多頭勢力與空頭勢力的強弱呢？以下提供一個簡單的辨別方法：當天收盤價的上方是空頭勢力，下方是多頭勢力，圖解説明如下：

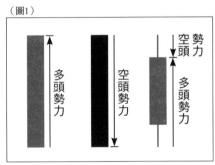

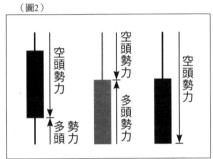

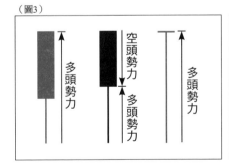

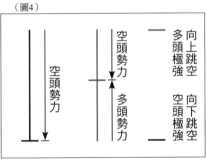

　　不過，要特別注意的是，以上多空勢力的強弱，是就當日一根K線來看，事實上，股市走勢的形成，並不是說一天就能夠造成的。

　　即使是相同的K線，出現在不同的位置，對後續走勢的影響不同，產生的結果也不同，甚至會出現完全相反的解讀。在後面的內容中會詳細的說明，屆時讀者自然對K線的應用豁然開朗。

　　看K線多空不能只看1、2天就斷定行情的多空，由於K線對當天的消息面反應快速，所以單一K線可能會受干擾失真，因此對整個走勢的研判，還是要以波形、波向為主。

第3章
單一K線位置不同
買賣玄機不同

解讀K線既然可以了解多空的強弱，但是同樣的K線在不同的位置，會產生不同的解讀，甚至完全相反的情況，這就是一般投資人無法掌握K線轉折的原因。

▌認識長紅K線

在開盤後股價一路上漲，並以最高價收盤，且開盤和收盤上下幅度達4.5%以上，這樣的K線型態就是「長紅K線」，又稱為長陽線。長紅K線為多頭強烈企圖，是重要攻擊訊號，具有以下4點意義：

長紅K線
（長陽線）

1. 長紅K線為重要支撐位置，長紅K線高低價的二分之一處可視為當日交易的平均成本平衡點。

2. 長紅K線經常是底部反轉、盤整突破、行進中續攻、軋空、換手或高檔反轉的先期警訊。

3. 出現長紅K線（特別是帶大量成交量時）的第2、3天股價走勢要特別注意，會透露這根長紅K線的真實涵義。

4. 在多頭走勢中，長紅K線為強力上攻的表態，正常應該在次

日繼續往上攻擊,如果次日出現攻勢停滯,甚至下跌走勢,則為不正常的表現,應該密切注意是否為主力拉高出貨。

▎不同位置的長紅K線所代表的意義

長紅K線出現在不同位置往往有不同的意義,說明如下:

一、在低檔出現的長紅K線

1. 低檔是指日K線走勢圖,經過一段時間下跌之後,來到圖形的相對低檔位置,或是下跌一段後經過止跌而盤整。

2. 在低檔區突然出現長紅K線,成交量大增,突破下跌K線的最高點,是重要的買進訊號。

3. 低檔一根長紅K線突破下跌數天的黑K線最高點,表示多空易位,行情轉多可能性大增,此紅K線如果配合大量的成交量,極可能是主力攻擊開始的訊號。

4. 長紅K線當日的低點是買進後的停損價,後幾日回跌不破長紅K線的二分之一價,可視為強勢回檔,股價往上突破是繼續做多的機會。

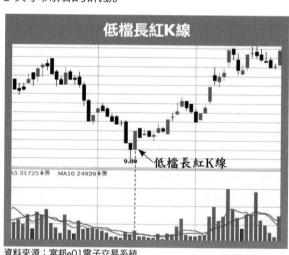

資料來源:富邦e01電子交易系統

二、在盤整末端突破的長紅K線

1. 突破盤整型態的長紅K線，是進場的好買點。

2. 盤整時間可能是短期3、5天，也可能長達數月，無論在低檔
   區出現長紅K線突破盤整區，或是在向上走勢中出現長紅K線
   突破盤整，都是絕佳的買點，如果配合大成交量，則更為可
   靠。

3. 盤整幅度不大，呈一字型整理，這樣整理時間愈長，出現大
   量長紅後的漲勢幅度愈大。

4. 強勢股急速上漲後拉回量縮，往往盤整時間很短，再出現長
   紅時要趕快「跟上」。

5. 任何時候買進股票，即使線型再完美，也要設停損點。

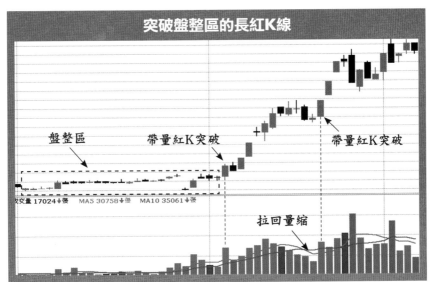

資料來源：富邦e01電子交易系統

三、多頭行進回檔修正後的長紅K線

1. 多頭的特性是在上漲一段後會回檔修正，當修正結束，再次往上出現長紅K線時，要勇於進場買進，停損點則設在長紅K線的最低點。

2. 強勢股往往回檔修正1、2天後，再次出現長紅K線往上攻擊，要立刻買進，但也要設好停損。

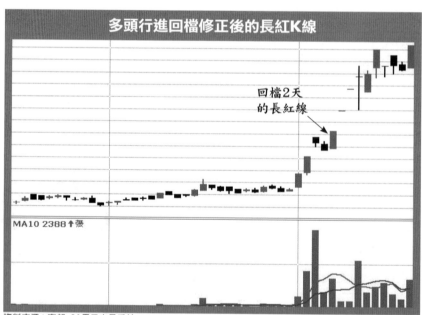

資料來源：富邦e01電子交易系統

四、在高檔出現的長紅K線

1. 股價在漲高之後的高檔區出現長紅K線時，反而要心存警誡，手中持股雖不一定要立刻出場，但是要密切注意第2、3天的價量變化，出現任何弱勢現象要立刻處理手中股票，千萬不要認為長紅又有大量是好事。

2. 高檔時出現大量長紅，空手千萬不可搶高追價，更不能加碼買進。

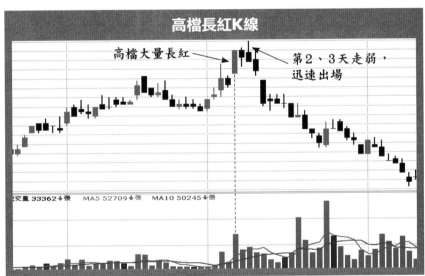

資料來源：富邦e01電子交易系統

3. 在高檔長紅時做多有以下風險：

   (1) 獲利回吐賣壓。

   (2) 主力拉高出貨的騙線。

   (3) 高檔放量長紅往往是多頭最後力竭的現象。

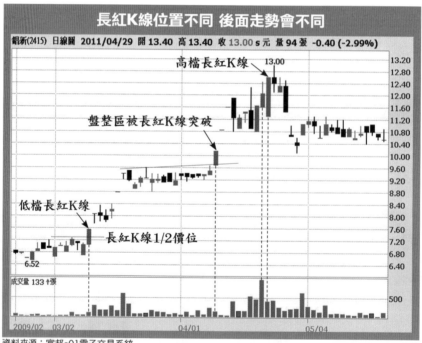

資料來源：富邦e01電子交易系統

▌認識長黑K線

在開盤後股價一路下跌，並以最低價收盤，且開盤和收盤上下幅度達4.5%以上，這樣的K線型態就是「長黑K線」。長黑K線為空頭強烈企圖，是重要的賣出訊號。長黑K線的出現，具有以下3點意義：

1. 長黑K線為重要壓力位置，長黑K線高低價的二分之一處，可視為當日交易的平均成本平衡點。
2. 長黑K線經常是頭部反轉、盤整跌破、行進中續跌、或急殺後低檔反轉的先期警訊。
3. 出現長黑K線（特別是帶大量成交量）的第2、3天股價走勢要特別注意，會透露這根長黑K線的真實涵義。

▌不同位置的長黑K線代表意義

長黑K線雖然表示當日空頭企圖心強烈，但是出現在不同位置往往有不同的意義。長黑K線下跌，不一定要有大量的配合，原則上帶大量的長黑，往往表示跌勢短期內尚未止穩，這時千萬不可自認為跌夠了而隨便進場承接。

長黑K線
（長陰線）

在高檔出現的長黑K線

1. 高檔是指日K線走勢圖上漲一段時間之後來到圖形的相對高
   檔位置，或是上升一段後的盤整區。

2. 在高檔區突然出現長黑K線（成交量不一定放大），跌破前
   面上漲K線的最低點，是重要的賣出訊號。

3. 高檔一根長黑K線跌破上漲數天的紅K線最低點，表示多空易
   位，行情轉空可能性大增，此黑K線如果配合大成交量，極
   可能是主力開始出貨的訊號。

4. 當日長黑K線的最高價是做空的停損價，如果後面幾天反彈
   皆在長黑K線的二分之一價以下，可視為弱勢反彈，股價繼
   續往下跌時，是放空的機會點。

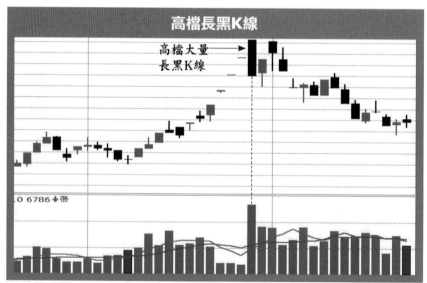

資料來源：富邦e01電子交易系統

在盤整末端跌破的長黑K線

1. 跌破盤整型態的長黑K線,是做空進場的好賣點。

2. 盤整可能是短期3、5天,也可能長達數月,無論在高檔區出現長黑K線跌破盤整區,或是向下走勢中出現長黑跌破盤整區,都是絕佳的空點,如果配合大筆成交量,則更為可靠。

3. 弱勢股急速下跌後反彈量縮,往往反彈時間很短,再出現長黑時,可繼續做空。

4. 任何時候做空股票,即使線型再完美,也要設停損。

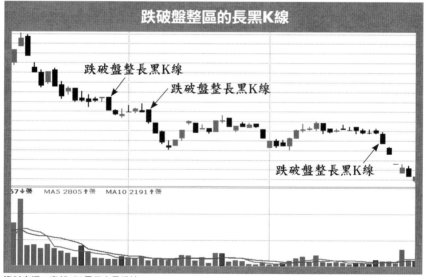

資料來源:富邦e01電子交易系統

空頭行進反彈後的長黑K線

1. 空頭的特性是，在下跌一段後會反彈。當反彈結束，再次往下出現長黑K線時，要勇於進場做空，停損點設在長黑K線的最高點。

2. 弱勢股往往反彈1、2天後再次出現長黑K線往下續跌，要立刻做空，但要設好停損點。

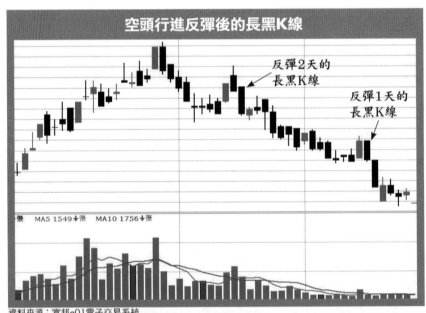

資料來源：富邦e01電子交易系統

在低檔出現的長黑K線

1. 股價在跌深之後的低檔區出現長黑K線時，反而要特別注意，手中空單雖不一定要立刻回補，但是要密切注意第2、3天的價量變化，出現任何轉強或止跌回升現象，要立刻處理手中股票，尤其是連續出現長黑急跌的走勢，往往都是接近底部的特徵，空手千萬不可搶空，更不能加碼放空。

2. 低檔長黑做空有下列風險：

    (1) 急跌的快速反彈。

    (2) 低檔逢低承接的買盤。

    (3) 低檔放量長黑是空頭最後力竭的現象。

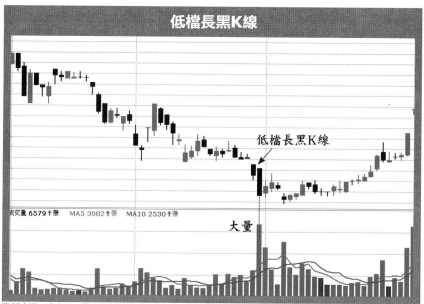

資料來源：富邦e01電子交易系統

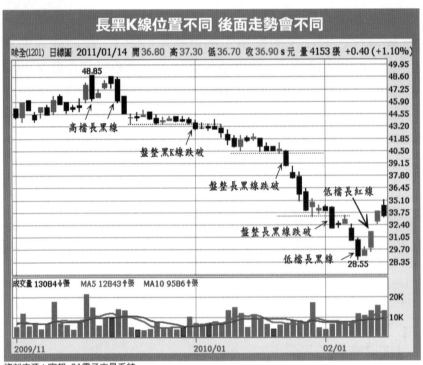

長黑K線位置不同 後面走勢會不同

味全(1201) 日線圖 2011/01/14 開36.80 高37.30 低36.70 收36.90 s 元 量4153張 +0.40 (+1.10%)

高檔長黑線
盤整黑K線跌破
盤整長黑線跌破
盤整長黑線跌破
低檔長黑線
低檔長紅線
48.85
28.55

成交量13084張 MA5 12843張 MA10 9586張

2009/11　　　　　2010/01　　　　　02/01

資料來源：富邦e01電子交易系統

▌長上影線小實體的4種代表意義

長上影線小實體是指上影線很長，且長度超過實體的2倍以上、沒有下影線的實體線形，又稱為「流星」。在低檔位置有人稱為「多頭尖兵」，在高檔位置又稱為「空頭尖兵」。實體不管是紅是黑，皆為反轉的主要訊號。流星出現的位置不同，代表意義也不同：

流星

1. 流星發生在上升趨勢的末端，代表漲勢無法持續，為轉弱的空頭線型，實體是紅是黑並不重要。

2. 流星出現在下降走勢的末端，可視為轉強的訊號。由此處可以看出空頭力道漸弱，多頭盤中有能力上攻，且實體變小。

3. 下跌趨勢的反彈，遇到壓力區時，經常以流星來測試。

4. 盤中假突破新高價，收盤遇到壓力無法突破又拉回，形成流星，代表該處壓力很重。

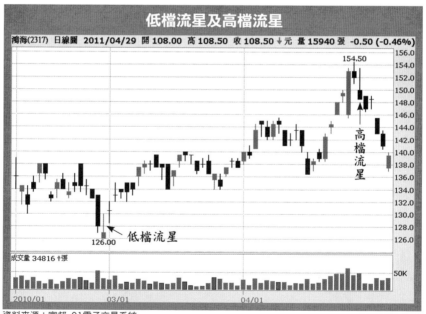

資料來源：富邦e01電子交易系統

▌長下影線小實體的3種代表意義

　　長下影線小實體是指下影線很長，且長度超過實體的2倍以上、沒有上影線的實體線形，如果有上影線必須很短，實體是紅是黑並不重要。在底部稱為「鎚子」，在頭部稱為「吊人」。不管實體是紅是黑，皆為反轉的訊號。長下影線小實體出現的位置不同，代表意義也不同：

鎚子
與吊人

1. 低檔出現帶下影線實體（不分紅黑）：

　　① 影線愈長，底部可能性愈大。

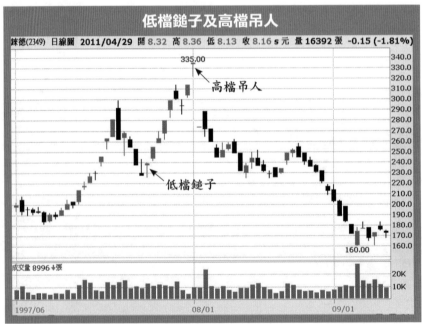

資料來源：富邦e01電子交易系統

② 如果連續出現，探底成功機會愈大。

③ 次日不破前一日最低點且底部往上移動，反轉機率愈高。

2. 盤整出現帶下影實體線：股價在任何位置的盤整，出現帶下影實體線，該下影線的最低點為停損點，沒有跌破支撐可續抱，跌破支撐要小心是漲勢的末端。

3. 高檔出現帶下影實體線：股價在高檔出現帶下影實體線，是主力誘多的陷阱，要特別小心。

出現十字線的代表意義

十字線是開盤與收盤價相同，上下影線也約等長，代表此一位置多空勢均力敵。

十字線

十字線是一個很重要的轉機線，也稱為「變盤線」，能否轉變，第2、3日的走勢極為重要。十字線出現在高檔、低檔、盤整時，各代表不同意義：

在低檔出現十字線

1. 在低檔區出現十字線，可注意找買點。

2. 觀察次日開盤在上方，有轉強可能，在下方可能要再打底。

3. 次日收盤突破前一日十字線最高點，可視為初步止跌。

4. 次日收盤跌破前一日十字線最低點，小心還要往下探底。

在盤整時出現十字線

十字線在盤整時，意義比較小。

在高檔時出現十字線

1. 股價漲到高檔或漲到重要壓力位置，如果出現十字線，應視
   為變盤訊號，宜開始找賣點。

2. 十字線是震盪盤，上下影線愈長，震盪幅度愈大。

3. 漲到高檔，大幅震盪又出大量，籌碼極易鬆動。

4. 十字線次日K線如再上攻收紅，視為換手成功，還有行情。

5. 十字線次日K線如翻黑，視為換手失敗，難再有行情。

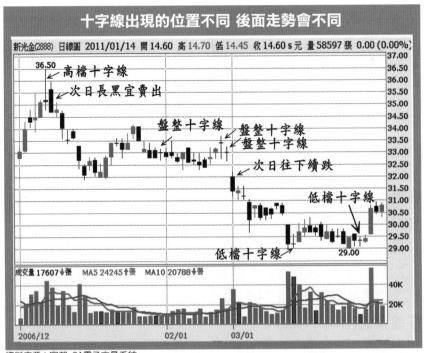

資料來源：富邦e01電子交易系統

第4章

25種單一K線型態的
代表意義

	名稱：長紅K線 意義：1. 表示多頭氣勢特強。 2. 在低檔出現大量長紅或在盤整後出現大量長紅突破，是進場訊號。 3. 在高檔出現大量長紅要小心，第2、3日不漲，是主力出貨現象；如果繼續上漲，代表籌碼換手成功。
	名稱：中紅K線 意義：1. 表示多頭氣勢強。 2. 在上升走勢中常出現，保持多頭不變。 3. 在下跌走勢出現，視為一般性反彈，單一次出現，無法改變下跌趨勢。
	名稱：小紅K線 意義：1. 表示多頭氣勢略強。 2. 在強勢上升走勢中出現，多頭漸弱，要注意是否出現強勢多頭慣性改變的現象。 3. 在下跌走勢中出現，視為弱勢反彈，如果連續出現不再破底，可能形成底部。

	名稱：有上影線的長紅K線 意義：參考長紅K線，多方向上，但是上面小有壓力， 繼續觀察後面的走勢發展。
	名稱：有上影線的中紅K線 意義：參考中紅線，多頭氣勢向上，但是上面遇有壓力拉回。
	名稱：有長上影線的小紅小黑K線 意義：1. 在高檔，代表多方向上漲勢受阻，遭遇強大壓力。 2. 在低檔，代表空方有止跌現象，上影線表示多方盤中曾經向上試探壓力的大小。
	名稱：有下影線的長紅K線 意義：盤中小跌開盤價，走勢仍向上，拉出長紅K線後再上漲，代表多頭氣勢強。
	名稱：有下影線的中紅K線 意義：下跌後再上漲，代表多頭氣勢強。
	名稱：有長下影線的小紅小黑K線 意義：1. 在高檔，代表多方向上漲氣勢受阻，盤中跌破開盤價甚多，空方力道顯現。 2. 在低檔，代表空方有止跌現象，低檔有撐向上拉升
	名稱：有上下影線的長紅K線或中紅K線，又稱紡錘線 意義：多空拉鋸，上有壓，下有撐，多頭仍強。

	名稱：有長上下影線的小紅小黑K線，又稱紡錘線 意義：1. 在低檔的位置，為試探底部的訊號。 　　　2. 在高檔，表示欲振乏力。 　　　3. 實體小，也可視為十字線，有變盤的可能，注意日後的走勢變化。
	名稱：長黑K線 意義：1. 表示空頭氣勢特強。 　　　2. 在高檔出現大量長黑，或在盤整時出現大量長黑跌破盤整，是賣出或放空訊號。 　　　3. 在低檔出現大量長黑K後要注意，第2、3日不跌，是初步止跌現象，如果繼續下跌，表示空頭尚未結束。
	名稱：中黑K線 意義：1. 表示空頭氣勢強。 　　　2. 在下跌走勢中常出現，保持空頭不變。 　　　3. 在上漲走勢出現，視為一般性修正，單一次出現，無法改變上漲趨勢。
	名稱：小黑K線 意義：1. 表示空頭氣勢略強。 　　　2. 在強勢下跌走勢中出現，代表空頭稍弱，要注意是否出現強勢空頭慣性改變的現象。 　　　3. 在上漲走勢中出現，視為弱勢回檔，如果連續出現不再過前面最高點，可能形成短期轉空。
	名稱：有上影線的長黑K線 意義：參考長黑K線，空頭氣勢向下，多方盤中曾經反彈，但仍無力而壓回，空方氣勢強。

	名稱：有上影線的中黑K線 意義：參考中黑線，空頭氣勢向下，多方盤中曾經反彈但仍無力而壓回。
	名稱：有下影線的長黑K線 意義：盤中低點小反彈，走勢仍向下，拉出長黑K線後再下跌，空頭強。
	名稱：有下影線的中黑K線 意義：下跌低點後反彈，走勢仍向下，空頭強。
	名稱：有上下影線的長黑K線 意義：多空出現拉鋸，空頭強
	名稱：倒T字線，又稱墓碑線 意義：1. 在高檔，代表多方向上漲勢受阻，遭遇強大壓力，要注意後面發展。 2. 在低檔，代表空方有止跌現象，上影線表示多方盤中曾向上試探，注意後面發展。
	名稱：T字線 意義：1. 在高檔出現空方向下摜壓，雖然收盤拉回開盤價，已透露多方無力再向上，也有多方誘多的出貨可能，要小心。 2. 在低檔出現，代表空方有止跌現象。
	名稱：十字線，又稱變盤線 意義：多空勢均力敵，狹幅待變，注意後面走勢發展。
	名稱：一字線 意義：一價到底，強勢漲停或跌停，為多頭或空頭最強力表態。

第5章

掌握16種關鍵K線 判別進出場訊號

　　我們觀察K線走勢圖時，每天交易後產生的K線都要仔細分析追蹤，K棒在連續行進的時候，會出現明顯的長紅K棒、長黑K棒，這些長紅K棒或長黑K棒，往往就是行情短線的轉折點，因此又稱為「關鍵K棒」。

　　當關鍵K棒出現時，要立刻去看前面整個走勢的波形波向，先確認好走勢方向，再看該關鍵K棒前面數日的K線表現，就很容易看出這些關鍵K棒是要上攻還是要下跌。

　　掌握本章的16種關鍵K棒現象，就能讓你掌握進出場的先機，在股市中自然大大增加你獲利的能力。

█ 8種出現買進訊號的關鍵K線

以下提供8種出現買進訊號的關鍵K線，請務必牢記！

1. 往上突破前數日橫盤的最高點，出現長紅K線。

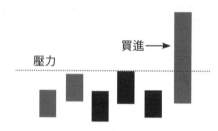

買進 →

壓力

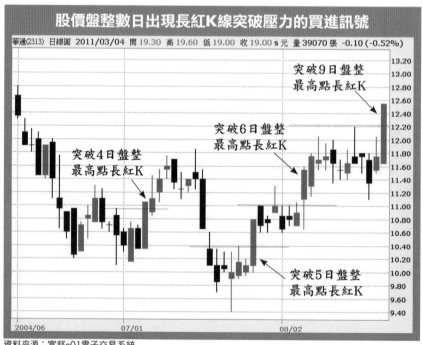

股價盤整數日出現長紅K線突破壓力的買進訊號

華通(2313) 日線圖 2011/03/04 開 19.30 高 19.60 低 19.00 收 19.00 s 元 量39070 張 -0.10 (-0.52%)

突破9日盤整
最高點長紅K

突破6日盤整
最高點長紅K

突破4日盤整
最高點長紅K

突破5日盤整
最高點長紅K

資料來源：富邦e01電子交易系統

2.股價下跌,出現長紅K線突破前數日高點。

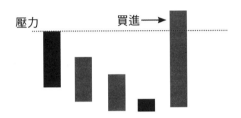

壓力　　　　　買進 ➜

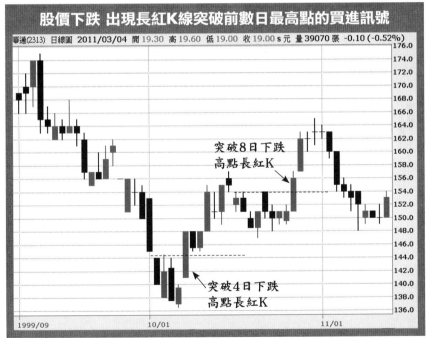

股價下跌 出現長紅K線突破前數日最高點的買進訊號

華通(2313) 日線圖 2011/03/04 開 19.30 高 19.60 低 19.00 收 19.00 s元 量 39070 張 -0.10 (-0.52%)

突破8日下跌
高點長紅K

突破4日下跌
高點長紅K

資料來源:富邦e01電子交易系統

3. 股價下跌一段時間後出現長黑K線，要注意明後天是否有止跌向上的買進訊號，當日長黑不能馬上接。

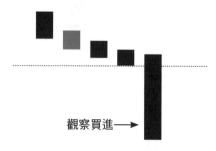

觀察買進 ——➤

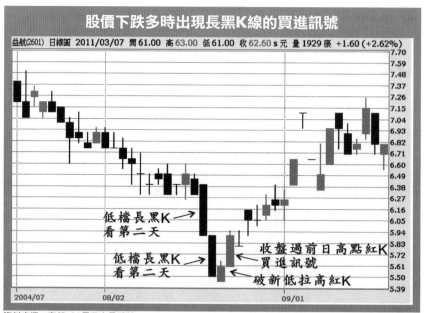

資料來源：富邦e01電子交易系統

4. 股價下跌時出現長下影線，注意第2、3天的買進訊號，
若隔日出現陽線，不再跌破低點，可能轉上漲。

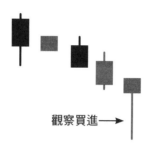

觀察買進→

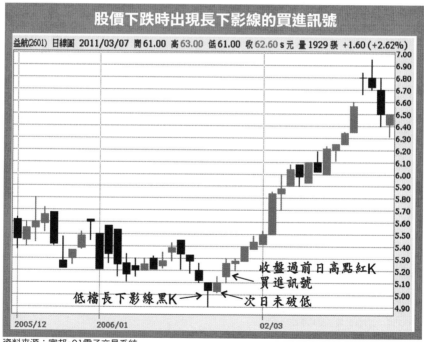

股價下跌時出現長下影線的買進訊號

資料來源：富邦e01電子交易系統

5. 股價在漲勢，突破壓力線。

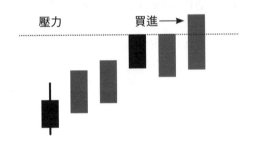

壓力　　　　　買進 →

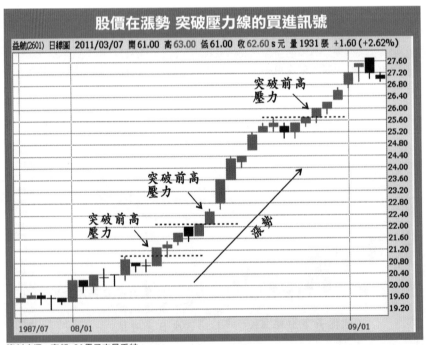

股價在漲勢 突破壓力線的買進訊號

益航(2601) 日線圖 2011/03/07 開 61.00 高 63.00 低 61.00 收 62.60 s 元 量 1931 張 +1.60 (+2.62%)

資料來源：富邦e01電子交易系統

6. 股價上漲中突然下跌，但3日內立刻又拉長紅突破前波高點，為上漲的買進訊號。

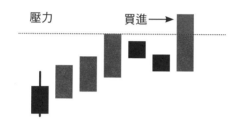

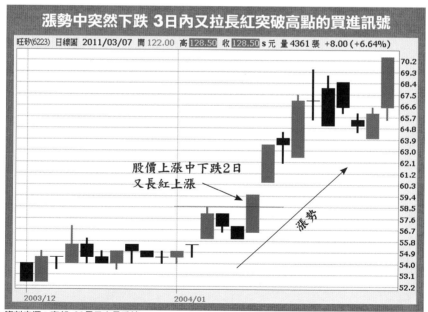

資料來源：富邦e01電子交易系統

7. 股價出現長紅線突破盤整區，為買進訊號。

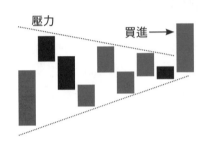

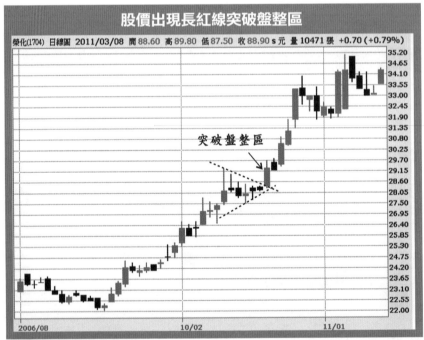

資料來源：富邦e01電子交易系統

8. 股價連續3線下跌，但出現一根長紅線吃回3天的下跌，
   是買進訊號。

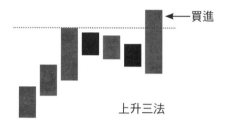

買進

上升三法

連3線下跌後 出現一根長紅線吃回3天下跌的買進訊號

一根陽線吃回

股價連續3線下跌

資料來源：富邦e01電子交易系統

▌8種出現賣出訊號的關鍵K線

以下提供8種出現賣出訊號的關鍵K線，請務必牢記！

1. 往下跌破數日橫盤的最低點，出現長黑K線。

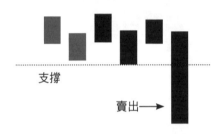

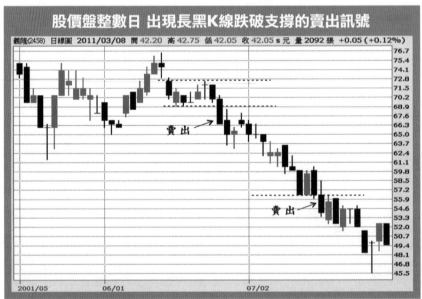

資料來源：富邦e01電子交易系統

2. 股價上漲多時，高檔出現帶量的長紅K線，要觀察次日
   走勢，準備賣出。

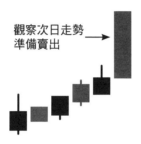

觀察次日走勢
準備賣出 →

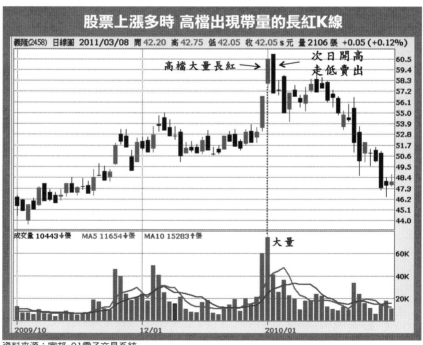

資料來源：富邦e01電子交易系統

3. 股價上漲時，出現長黑K線，為賣出訊號。

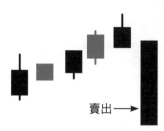

賣出 →

股價上漲時 出現長黑K線的賣出訊號

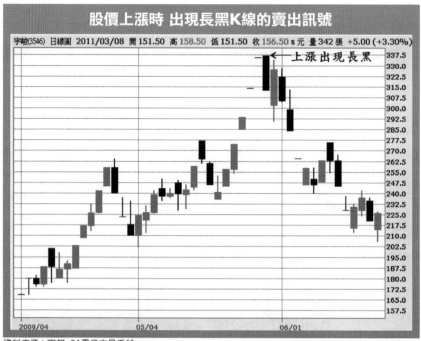

宇峻(3546) 日線圖 2011/03/08 開 151.50 高 158.50 低 151.50 收 156.50 s 元 量 342 張 +5.00 (+3.30%)

上漲出現長黑

資料來源：富邦e01電子交易系統

4. 股價上漲時，出現長上影線，注意次日賣出訊號。若隔日出現陰線，收盤無法過今日最高點，可能轉下跌。

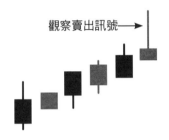

觀察賣出訊號→

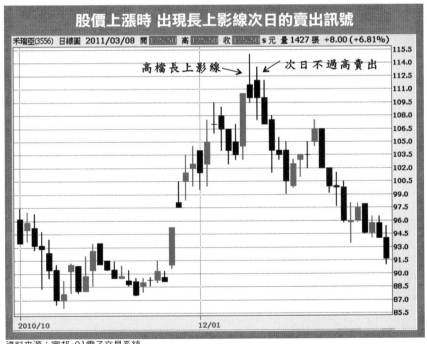

股價上漲時 出現長上影線次日的賣出訊號

禾瑞亞(3556) 日線圖 2011/03/08 開 125.50 高 125.50 收 125.50 s元 量1427張 +8.00 (+6.81%)

高檔長上影線↘   ↙次日不過高賣出

2010/10   12/01

資料來源：富邦e01電子交易系統

5. 股價上漲時出現長下影線，注意次日賣出訊號。隔日收
盤不過最高點，可能轉下跌。

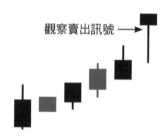

觀察賣出訊號 ——▶

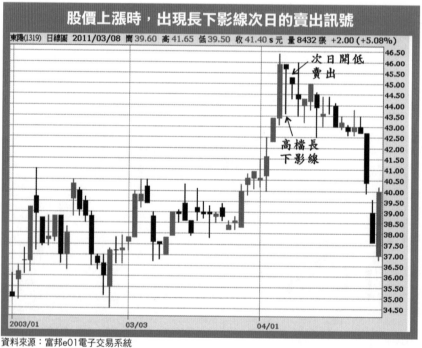

股價上漲時，出現長下影線次日的賣出訊號

東陽(1319) 日線圖 2011/03/08 開 39.60 高 41.65 低 39.50 收 41.40 s 元 量 8432 張 +2.00 (+5.08%)

次日開低
賣出

高檔長
下影線

資料來源：富邦e01電子交易系統

6. 股價下跌時，跌破前數日最低點，為繼續賣出訊號。

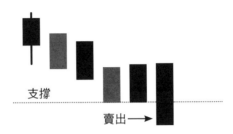

支撐

賣出 →

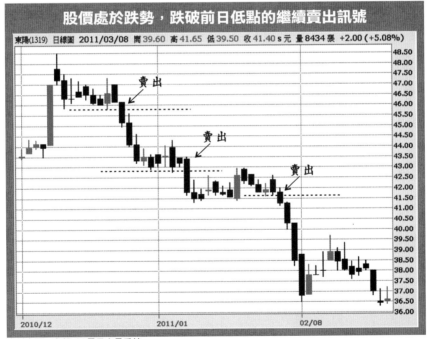

股價處於跌勢，跌破前日低點的繼續賣出訊號

資料來源：富邦e01電子交易系統

7. 股價出現長黑K線跌破盤整區，為賣出訊號。

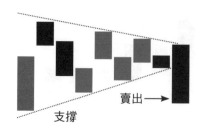

賣出 ➞

支撐

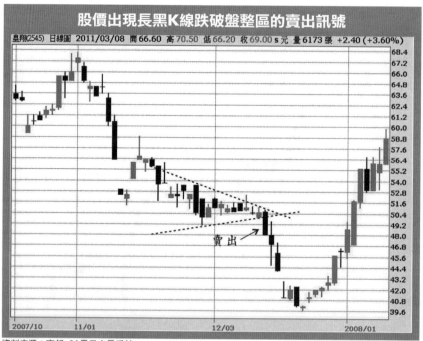

資料來源：富邦e01電子交易系統

8. 股價連續三線上升，但出現一根長黑K線跌破的賣出訊號。

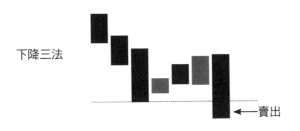

下降三法

←── 賣出

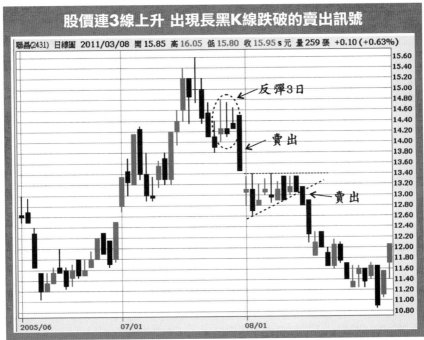

資料來源：富邦e01電子交易系統

▌以關鍵K線判別買賣訊號

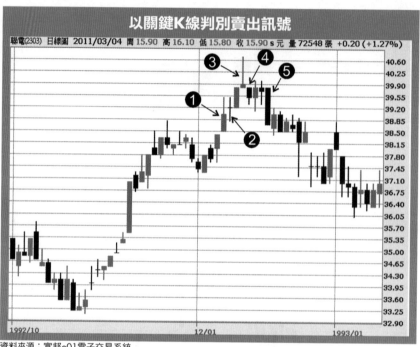

資料來源：富邦e01電子交易系統

▲上圖說明：

❶ 在高檔出現長上影線的紅K線，上方有壓。

❷ 隔日出現十字線，有可能變盤，觀察第2天，持續紅K線，仍處
多頭格局。

❸ 高檔出現長上影線的小紅K線，上方壓力很重。

❹ 開盤弱勢向下，手中如有持股應出場。

❺ 在高檔出現長黑K線，跌破前6天最低點，轉空。

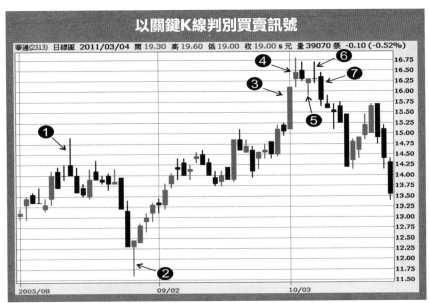

以關鍵**K**線判別買賣訊號

資料來源：富邦e01電子交易系統

▲上圖說明：

❶ 在高檔出現長上影線黑K線，上方有壓，後面數日均無法過黑K
線的最高點。

❷ 在低檔出現鎚子，下方有撐，第2天開高走高可買進。

❸ 在高檔拉出長紅K線，要注意後面數日發展。

❹ 出現上下影線紅K線，多空拉鋸，要看後面走勢。

❺ 在高檔出現吊人紅K線，但仍下跌，小心主力誘多出貨。

❻ 在高檔出現十字線，上面壓力很大，收盤無法過前一日最高
點，往下變盤機率大。

❼ 在高檔出現上下影線中黑K線，跌破4日盤整區，轉空。

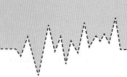

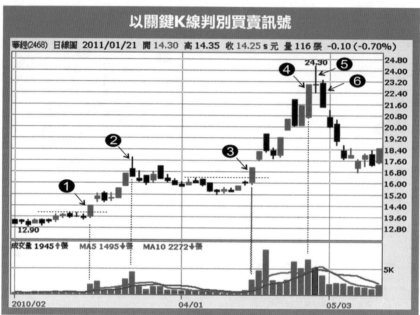

以關鍵K線判別買賣訊號

資料來源：富邦e01電子交易系統

▲上圖說明：

❶ 在低檔出量拉出紅K線，突破前數日盤整最高點買進。

❷ 出現大量長上影線黑K線，出場。（當日未出，次日開低要出）

❸ 出現大量長紅K線突破前波高點，買進。

❹ 在高檔出現大量長紅K線，要注意次日變化。

❺ 在高檔出現十字變盤線，賣出，或次日開盤往下，即刻賣出。

❻ 開低走低拉出長黑K線，反轉確認。

看懂K線缺口 明確掌握進出訊號

　　在一般的K線圖中，常會看到K線的缺口，這是指連續兩個交易日中間存在沒有成交的價位，也稱為「跳空」，圖解說明如下：

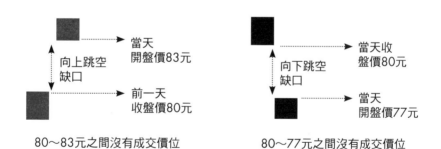

K線缺口的形成

　　當買賣雙方力量顯著不均衡時，就會形成缺口。一般而言，產生跳空因素有二，一為突發的利多或利空造成；二為市場主力的強勢表現。

在多頭或空頭確立之後出現的跳空缺口，往往是加速方向的訊息，所以在技術分析當中，對缺口的認識相當重要。

▌K線缺口的意義

跳空缺口是一種強力動能的現象，是一個非常強勢的買進或賣出訊號，力量遠大於長紅K線或長黑K線。當K線圖出現強勢往上或往下突破盤整壓力的跳空時，經常會有比較大的漲幅或跌幅出現，因此，跳空缺口對於以後股價的走勢有很大的參考價值。

其次，跳空缺口的上下緣，經常是重要的支撐關卡。上漲的跳空缺口，缺口的上緣是第一道支撐關卡，下緣是第二道支撐關卡。跳空後回檔是否能夠守住這兩道關卡，是重要觀察位置。如果能守住向上，則為強勢多頭趨勢，下跌則相反。

要注意的是，因公司發放股息股利當天所造成的除權息缺口，由於是可預知，不會影響技術分析，所以不列入此處的討論範圍。

▌認識4種缺口及其觀察重點

缺口依照所在的位置，可區分為「普通缺口」、「突破缺口」、「測量缺口」、「竭盡缺口」，而竭盡缺口如出現「島狀反轉」則為大漲大跌的前兆。

1. 普通缺口

經常出現在盤整區域，多因消息面影響或短期買賣不平衡而

出現，很容易在一兩天就封閉，無法產生突破的力道或助漲力道，對技術分析意義不大，又稱為「區域缺口」。

2. 突破缺口

股價遇到盤整區壓力時，以強力往上跳空方式直接突破壓力區，或往下跳空跌破下頸線支撐，讓空頭或多頭無法立即反應，此為突破缺口，屬於強力買進或賣出的訊號。

突破缺口分為「向上突破」與「向下突破」兩種，通常發生在低檔底部或高檔頭部完成後，對後面走勢的表態，因此要特別重視。突破缺口有4個觀察重點：

(1) 「向上突破」需要明顯的大量配合，而且成交量要持續增加，這種配合大量的向上跳空，通常不會回補。

(2) 缺口在3天內跌回起漲點，則是「假突破」。

(3) 「向上突破」開口愈大，上漲力道愈強。「向下突破」開口愈大，下跌力道愈強。

(4) 「向下突破」不一定要有大成交量。此時要當機立斷，立刻退出股市或者反手放空。

3. 測量缺口

測量缺口是指股價經過一段上升或下跌之後，在中途發生的跳空缺口，由於此處發生向上或向下缺口，代表行情尚未結束，可以概略預測未來還有約1倍的距離。測量缺口有2個觀察重點：

(1) 測量缺口的成交量不必然特別大，出現的次數比「普通缺

口」和「突破缺口」少得多。

(2) 在上升趨勢中出現「測量缺口」，這是市場強勢的表現，如果收盤價跌破缺口的下緣，那是代表上升趨勢轉弱；在下跌趨勢中，出現往下的「測量缺口」，則為市場繼續弱勢的象徵。

4. 竭盡缺口

「向上竭盡缺口」為股價經過大漲到達波段高點時出現的「跳空缺口」，此時資金後續動能漸漸耗盡，為上漲行情就要結束的訊號。

反之，當股價經過主跌段之後，接手的投資人再度殺出，一陣恐慌，股價出現「跳空下跌缺口」，造成「向下竭盡缺口」，此時相當於股價的末跌段。

竭盡缺口代表行情末升段或末跌段的後段，投資人一窩蜂的追高搶買或是極度悲觀的殺出持股所造成的跳空情形。

竭盡缺口的出現，表示多或空的力道都在竭盡最後的力量，此時應靜待行情的反轉，是另一波段做空或做多的好機會。

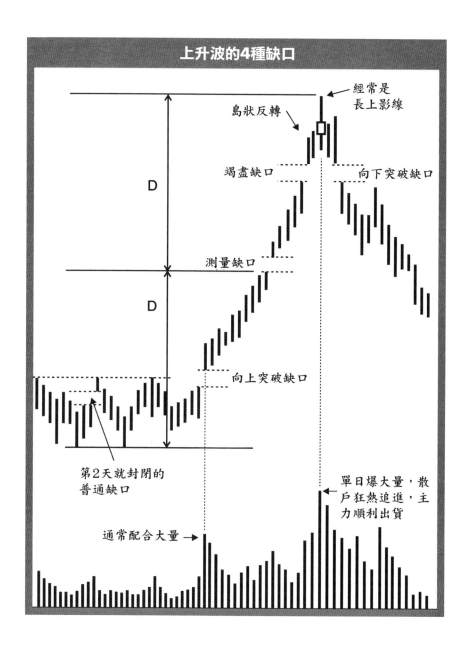

上升波的4種缺口

經常是
長上影線

島狀反轉

竭盡缺口

向下突破缺口

D

測量缺口

D

向上突破缺口

第2天就封閉的
普通缺口

單日爆大量，散
戶狂熱追進，主
力順利出貨

通常配合大量 →

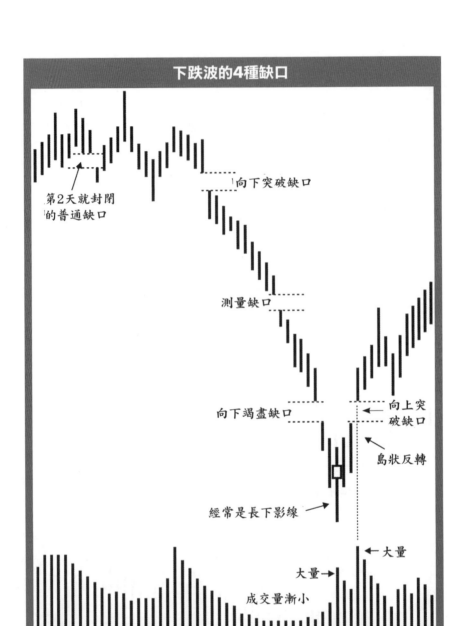

下跌波的4種缺口

第2天就封閉
的普通缺口

向下突破缺口

測量缺口

向下竭盡缺口

向上突
破缺口

島狀反轉

經常是長下影線

大量

大量→

成交量漸小

▊ 島狀反轉 大漲大跌的前兆

當股價跳空向上後，表現高檔無力的現象，接著立即以向下跳空方式下跌，圖形看上去，左右各有缺口，中間高出的股價形成海上島嶼狀，因此稱為「島狀反轉」，反之亦然。

一般而言，島狀反轉不常出現，一旦出現，在高檔會是大跌走勢的前兆，也是做空的好機會。出現在底部的島狀反轉，當然是大漲的訊號，為把握做多的好機會。

島狀反轉的結構，可能只有一根的K線就反轉，也可能2、3天後反轉，也可能經過較多天的盤整後再反轉，盤整日期愈多，日後的行情愈大。

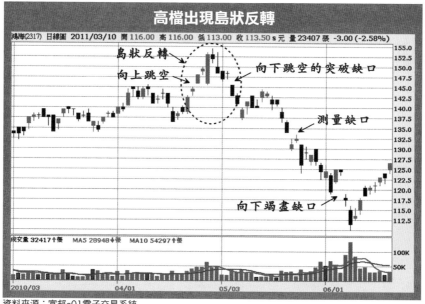

資料來源：富邦e01電子交易系統

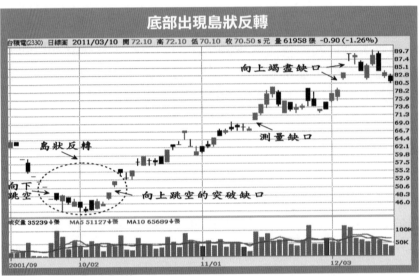

資料來源：富邦e01電子交易系統

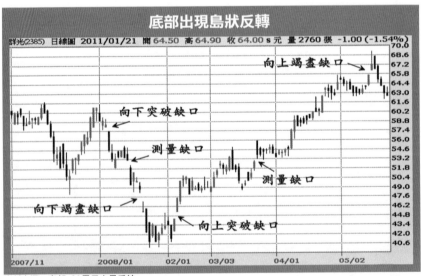

資料來源：富邦e01電子交易系統

第**7**章

跟著K線順勢操作
傻瓜也能操盤

　　股市的操作方法百百種，在此介紹讀者一種簡單的K線順勢操作方法，由於方法簡單，不妨就稱為「傻瓜操盤法」。

▋使用K線順勢操作法的7種條件

　　我們在學一種方法前，一定要先知道這種方法的條件限制，也就是說要符合條件下去使用，才能達到賺錢的效果，適合使用K線順勢操作方法的條件說明如下：

1. 一定要順勢交易，先確認行情走勢是多頭或空頭，行情是多頭時只能做多，行情是空頭時只能做空。
3. 此方法屬於短線交易，因此要在行情發動時介入。
4. 當走勢愈明確，效果愈好，因此很適合做為強勢股發動後的操作方法。
5. 無論買進賣出，均以收盤價來決定。
6. 走勢的確認：(1) 峰峰高，底底高，為多頭走勢。
　　　　　　　　(2) 峰峰低，底底低，為空頭走勢。
7. 進場時機：配合波形、波向看趨勢及K線進出訊號

(1) 多頭：

　① 打底完成底底高後，出現帶大量上漲的紅K線、股價
　　收盤價突破前一日最高點、突破下降切線或突破底部
　　盤整上頸線。

　② 上漲途中回檔後再上漲的紅K線，股價收盤價突破前
　　一日最高點時。

　③ 上漲中盤整完畢，股價收盤價向上突破盤整區時。

(2) 空頭：

　① 高檔頭部完成峰峰低後，出現的下跌黑K線、股價收
　　盤價跌破前一日最低點、跌破上升切線或跌破頭部盤
　　整下頸線。

　② 下跌走勢中反彈後再下跌的黑K線，股價收盤價跌破
　　前一日最低點時。

　③ 下跌中盤整完畢，股價收盤價向下跌破盤整區時。

(3) 一日反轉：

　① 跌深或急跌的一日反轉或V型反轉。

　② 漲多或急漲的一日反轉或倒V型反轉。

▌K線操作法的7點交易規則

　　每一次的股票交易，有人看好買，也有人看壞賣，其中只有
一方是看對。我們要學習看對的方向，操作對的方法，做對的
動作，不要被輸贏的思維所左右。因此，使用順勢K線操作法，
一定要注意以下7點交易規則：

1. 在多頭市場的交易規則：
   (1) 進場點：收盤前確認股價，突破前一日最高點時，買進。
   (2) 續抱條件：每天收盤前檢視股價，沒有跌破前一日最低
       點時，續抱。
   (3) 出場點：收盤前確認股價跌破前一日最低點時，出場。
   (4) 停損點：設在進場當日K線股價的最低點。

2. 在空頭市場的交易規則：
   (1) 進場點：收盤前確認股價跌破前一日最低點時，放空。
   (2) 續抱條件：每天收盤前檢視股價，沒有突破前一日最高
       點時，續抱。
   (3) 出場點（回補）：收盤前確認股價，突破前一日最高點
       時，出場（回補）。
   (4) 停損點：設在進場當日K線股價的最高點。

3. 無論何時進場，必須遵守停損停利的紀律。

4. 資金的分配投入要靈活，走勢明朗時可加大資金投入，走勢
   不明或有疑慮時應小量投入資金或退出操作。

5. 如果行情走單邊市場（一直多或一直空），這個方法就很好
   用，但是盤整行情時，就會經常停損，因此，在選擇投資標
   的的時候要特別注意，要挑選走勢清楚的個股。

6. 走勢平緩時，可做短線微利的交易（上升或下跌的斜率在30度
   到45度之間，低於30度走勢不建議用此方法），如果平均進
   出一次獲利2%，交易10次就會有20%的投資報酬率，獲利也
   很可觀。

7. 走勢強勁時，可做短線快速獲利的交易（上升或下跌的斜率在45度以上），往往能夠簡單輕鬆快速獲得最大利潤。

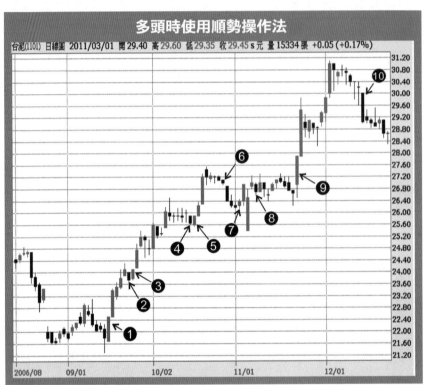

多頭時使用順勢操作法

台泥(1101) 日線圖 2011/03/01 開 29.40 高 29.60 低 29.35 收 29.45 s 元 量 15334 張 +0.05 (+0.17%)

資料來源：富邦e01電子交易系統

▲上圖說明：

❶ 底部反轉，底底高，出現長紅K線過前一日最高點，收盤價 22.5元，買進。

❷ 收盤價23.75元，跌破前一日最低點，賣出。

❸ 收盤價24.1元,過前一日最高點,買進。

❹ 收盤價25.65元,跌破前一日最低點,賣出。

❺ 收盤價25.9元,過前一日最高點,買進。

❻ 收盤價27元,跌破前一日最低點,賣出。

❼ 收盤價26.4元,過前一日最高點,買進。

❽ 收盤價26.7元,跌破前一日最低點,賣出。此處出現「峰峰低」,退出觀察。

❾ 收盤價27.9元,過盤整最高點,買進。

❿ 收盤價29.05元,跌破前一日最低點,賣出。

統計:進出5次,獲利5.35元,獲利率23.7%

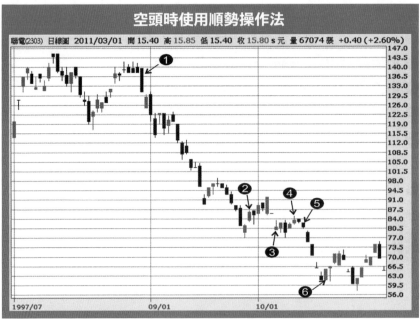

資料來源：富邦e01電子交易系統

▲上圖說明：

❶ 頭部峰峰低，出現反轉，長黑K線跌破前一日最低點，收盤價131元，放空。

❷ 收盤價86.5元，突破前一日最高點，回補。

❸ 收盤價81元，跌破前一日最低點，放空。

❹ 收盤價83.5元，突破前一日最高點，回補。

❺ 收盤價81元，跌破前一日最低點，放空。

❻ 收盤價65.5元，突破前一日最高點，回補。

統計：進出3次，獲利57.5元，獲利率43.8%

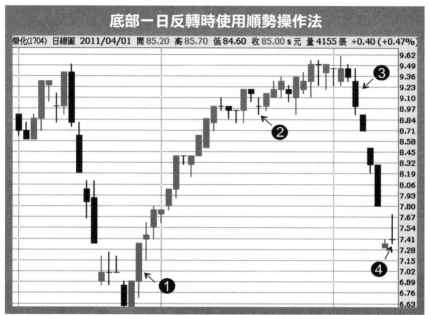

資料來源：富邦e01電子交易系統

▲上圖說明：

❶ 底部一日反轉，次日過前一日最高點7.35元，進場。

❷ 收盤跌破前一日最低點9元，出場。

❸ 頭部一日反轉，跌破最低點，收盤9元，放空。

❹ 收盤漲破前一日最高點7.4元，回補。

統計：第1次獲利1.65元，獲利率22.5%（16個交易日）。

第2次獲利1.60元，獲利率17.8%（5個交易日）。

第3篇

均線切線
讓你看穿支撐與壓力

本篇除了介紹均線的形成之外，對均線
的上揚、下彎、多頭排列、空頭排、
助漲、助跌、支撐、壓力、多空變化、
糾結都詳細用圖解說明，易讀易懂。同
時，對切線的趨勢變化、支撐壓力應
用，都有詳細的介紹。

第 1 章

認識移動平均線
開創你的賺錢線

移動平均線（簡稱均線）是一個很平凡卻很偉大的工具。均線不是萬能，沒有均線萬萬不能。

移動平均線（簡稱均線）就是一定期間平均股價移動的一條曲線。例如，5日移動平均線（簡稱5日均線或MA5），就是每天收盤後的收盤價加上前4天的收盤價，一共5天的收盤價加以平均，即為當日的5日均價。每天的5日均價所連接的一條曲線即為5日移動平均線。

▌移動平均線的由來及算法

移動平均線（Moving Average，簡寫MA）是由葛蘭畢（Granvile Joseph）在1960年提出的，是指將某一段時間的收盤價平均值作為畫線的指標，以此指標逐日向前推進而產生的曲線。

至於移動平均線的計算方法，以5日移動平均線為例，算法為：（今天收盤股價＋前4天的收盤股價）÷5＝5日均價，如此每個交易日都會得到一個5日均價，將每天的5日均價連結成

一條往前推進的曲線，即是5日均線。

　　同理，可以畫出10日、20日、60日、120日、240日等各種不同期間的移動平均線，如果以週為單位所畫出的平均線稱為5週、10週……均線，以月為單位稱為月均線。

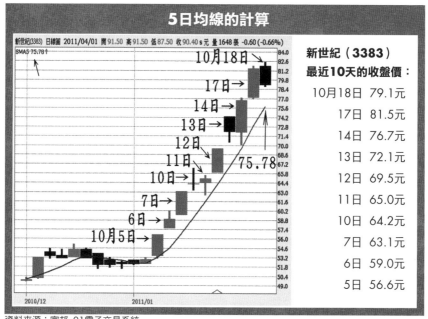

5日均線的計算

新世紀(3383) 日線圖 2011/04/01 開91.50 高91.50 低87.50 收90.40 s元 量1648張 -0.60 (-0.66%)
SMA5 75.78↑

新世紀（3383）最近10天的收盤價：	
10月18日	79.1元
17日	81.5元
14日	76.7元
13日	72.1元
12日	69.5元
11日	65.0元
10日	64.2元
7日	63.1元
6日	59.0元
5日	56.6元

資料來源：富邦e01電子交易系統

▲10月18日的5日均價的計算方法：

MA5（5日均價）＝（79.1＋81.5＋76.7＋72.1＋69.5）÷5＝75.78

10日均價是：（10月18日的收盤價＋前面9天的收盤價）÷10，你可以自己算一算看。

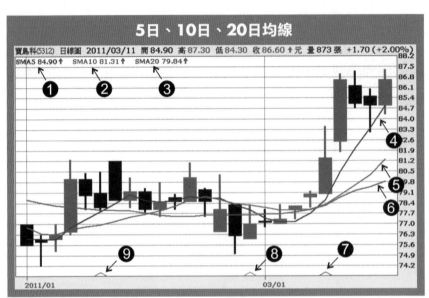

資料來源：富邦e01電子交易系統

▲上圖說明：

❶ 3月11日的5日均價為84.9元，右邊↑表示均線向上。

❷❸ 10日均價為81.31元，20日均價79.84元，均線皆向上。

❹ 5日均線，目前向上走。

❺ 10日均線，目前向上走。

❻ 20日均線，目前向上走。

❼ 標示5日均線的前5天K線位置。

❽ 標示10日均線的前10天K線位置。

❾ 標示20日均線的前20天K線位置。

▌移動平均線的基本概念

由第145頁的計算可以看出，5日均價就是5天的平均成本，10日均價為10天的平均成本，其它均價則依此類推。移動平均線的時間參數可以自行設定，以適應自己的操作策略（例如設3日、12日等）。

移動平均線是收盤價的計算，它是落後大盤的指標，必須配合其它指標綜合研判行情。

目前國內股市每週交易5天，5日均線就是代表股市交易人一週的平均成本，又稱週線；10日均線約為半個月的成本；20日均線約為一個月的成本，又稱月線；60日均線為3個月的成本，又稱季線；以此類推。

也有人用24日均線當做月線、72日均線為季線、144日均線為半年線、288日均線為年線。

短期、中期及長期均線的使用，依個人交易策略的不同，而決定使用不同的均線。

1. **長期策略**：數月之久的交易，一般常採用10週、20週均線。

2. **中期策略**：數星期的交易，一般常採用20日、60日均線。

3. **短期策略**：幾天之久的交易，一般常採用3日、5日、10日均線。

4. **超短期策略**：當沖交易，一般常採用1分、5分、10分、60分均線。

▌看懂K線圖上的移動平均線意義

移動平均線的算法你已經會算了,其實只是讓你了解平均線的由來,並不需要你天天去算,現在只要打開電腦的K線圖,這些均線圖、數據、方向、位置都全標示在圖上,我們直接拿來用就好了。

資料來源:富邦e01電子交易系統

▲上圖說明:

1. 圖左上方❶、❷、❸、❹ 分別標示5日均價、10日均價、20日均價、 60日均價的價格,均價右邊的箭頭,表示均線的方向是

往上、 往下還是走平。

2. 圖下邊❺、❻、❼、❽位置，各有一個∧記號，分別表示前5
   日、前10日、前20日、前60日的日K線位置，不必一根一根地
   計算。

3. 左圖中間的4條曲線，分別以不同的深淺顏色，代表不同期間
   的均線。

第2章

摸清均線的特性
控盤功夫更上層樓

移動平均線又稱為控盤線，為股票操作上的主要依據。如果想在市場上輕鬆操作，均線是你必須用心研究的重要功課。移動平均線具有以下功能：1. 可看出市場短期、中期、長期的格局，2. 可看出何時轉折及支撐壓力的位置，3. 可以知道趨勢方向及是否要大漲或大跌，4. 可以單線操作、雙線控盤。

▌從均線可看出多空趨勢方向

均線的移動方向分為向上、向下、走平。當均線向上，等於是交易人每天用高於前幾日的平均成本在交易，表示趨勢向上；當均線向下，等於是交易人每天用低於前幾日的平均成本在交易，表示趨勢往下發展。

短期、中期及長期均線有時方向不同，表示趨勢不同，例如，短期均線向下，中長期均線向上，表示短線趨勢往下修正，但是中長期的趨勢仍然往上。當短期均線與中長期均線朝同一方向移動，通常會持續幾天或幾個月後，才會改變而朝不同的方向移動。

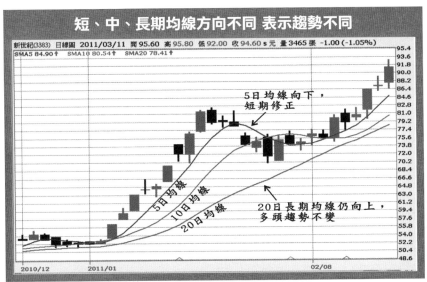

資料來源：富邦e01電子交易系統

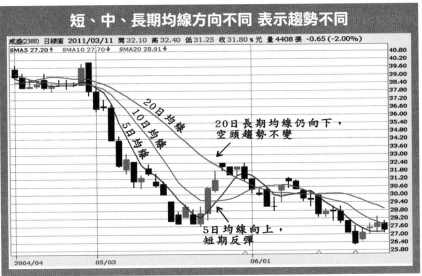

資料來源：富邦e01電子交易系統

▌從均線可看出交易人的平均成本

均線代表平均價，股價位置在均線之上，代表在此均線期內進場買進股票者處於獲利狀態。反之，股價位置在均線之下，代表在此均線期內進場買進股票者處於賠錢狀態。

同時，均線也代表某個期間的平均成本，當股價上漲遠超過此一成本區，獲利的人將陸續獲利出場，想買進的人則會遲疑不決，容易造成股價向平均成本價的均線回跌，一般稱為「修正」或「回檔」。

同樣的，當股價下跌遠超過此一成本區，賠錢的不願再殺出，空手的人認為物超所值而願意進場買進，容易造成股價向均線方向的上漲，一般稱為「反彈」。

因此，當股價離均線太遠（一般稱為「乖離過大」），股價與均線有回復正常的特性。

20日均線代表的持股成本意義

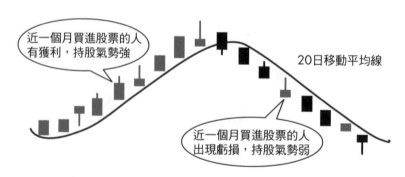

近一個月買進股票的人有獲利，持股氣勢強

20日移動平均線

近一個月買進股票的人出現虧損，持股氣勢弱

均線具有助漲助跌的慣性

均線往上彎曲，代表平均股價逐日走揚上漲，此時的均線有助漲的慣性作用。當均線往下彎曲，代表平均股價逐日萎縮下跌，此時均線有助跌的慣性作用。因此當股價靠近均線時，均線是上彎還是下彎，對股價會產生助漲或助跌的效果。

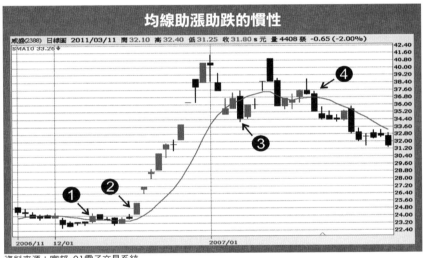

資料來源：富邦e01電子交易系統

▲上圖說明：

❶ 股價收盤站上均線，但均線向下，雖然角度平緩，但是仍具助跌慣性，造成股價無法直接上攻。

❷ 股價上漲，均線上彎，產生助漲慣性。

❸ 股價跌破均線，但均線仍向上，有助漲慣性，造成股價反彈。

❹ 股價跌破均線，均線下彎，有助跌慣性，加速股價下跌。

▌看懂長週期均線 掌握趨勢

　　長週期的均線方向，代表長期趨勢的方向，當趨勢形成時，都會行進一段時間，而且趨勢無法在短時期就改變，我們掌握長週期的均線方向，即可掌握到趨勢，只要沿著此方向一路做多或做空，直到趨勢改變為止。一般重要的長週期均線為月線、季線、年線。

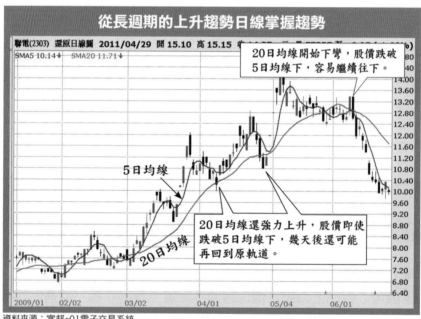

從長週期的上升趨勢日線掌握趨勢

資料來源：富邦e01電子交易系統

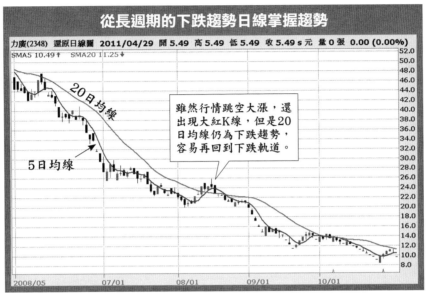

從長週期的下跌趨勢日線掌握趨勢

力廣(2348) 還原日線圖 2011/04/29 開 5.49 高 5.49 低 5.49 收 5.49 s 元 量 0 張 0.00 (0.00%)

SMA5 10.49↑ SMA20 11.25↓

20日均線

5日均線

雖然行情跳空大漲，還
出現大紅K線，但是20
日均線仍為下跌趨勢，
容易再回到下跌軌道。

資料來源：富邦e01電子交易系統

▌從均線找出支撐、壓力

當行情趨勢上升時，移動平均線位於股價下方，此時均線具有支撐的作用。當行情趨勢下跌時，移動平均線位於股價上方，此時均線具有壓力的作用。

趨勢上升　　　　　　　　**趨勢下跌**

當行情趨勢由上升轉為下跌時，移動平均線由股價下方逐漸走向股價上方，均線由支撐變成壓力。當行情趨勢由下跌轉為上升時，移動平均線由股價上方逐漸走向股價下方，均線由壓力變成支撐。

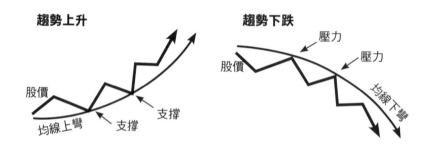

趨勢上升→趨勢下跌　　　　**趨勢下跌→趨勢上升**

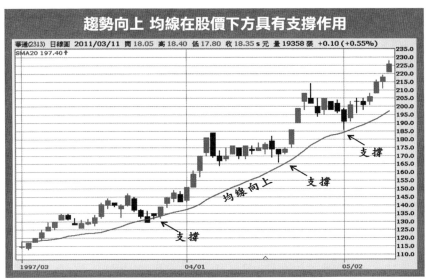

資料來源：富邦e01電子交易系統

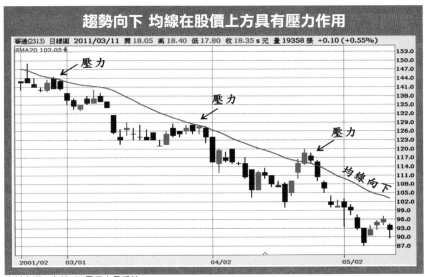

資料來源：富邦e01電子交易系統

第 **3** 章

均線的5種應用：
排列、交叉、乖離、扣抵與反轉

　　我們在前面介紹的是單一均線的功能，如果把短、中、長期多條均線放在一起，不同的相互位置，就會產生許多實務上不同的結果，這些結果對股價走勢的研判非常重要。

　　一支股票趨勢方向的掌握，除了波浪型態之外，均線是重要的一項工具。利用多條均線，可以彌補波浪型態的不足之處，例如頭頭高、底底高的多頭型態，如果短、中、長期均線排列不佳，即使是多頭也無法順利上漲，大多數的投資人因為看不懂多條均線的應用而常在買進後遇到挫折，本章說明均線的5種應用，提供讀者判斷走勢圖時參考。

▌均線的3種排列型態

　　短期、中期、長期均線的排列型態分為多頭排列、空頭排列、盤整排列3種，此3種排列方式構成整個股票上漲、下跌與盤整的循環模式。以下逐一說明：

1. 多頭排列

多頭排列是指短期、中期、長期均線依序由上向下排列，代表持有股票愈久的人賺得愈多，短期的投資人願意用較高的價格買進，行情看好。

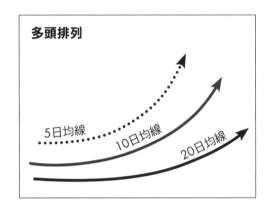

2. 空頭排列

空頭排列是指短期、中期、長期均線依序由下向上排列，代表持有股票愈久的人賠得愈多，短期的投資人只願用較低的價格買進，行情往下看淡。

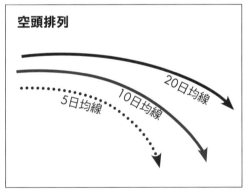

3. 盤整排列

盤整排列是指短期、中期、長期均線上下交錯排列，代表股價上下震盪，投資人短線進出，均線無法產生一致性方向。

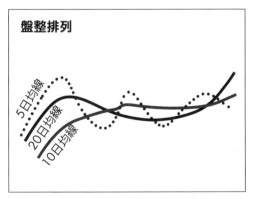

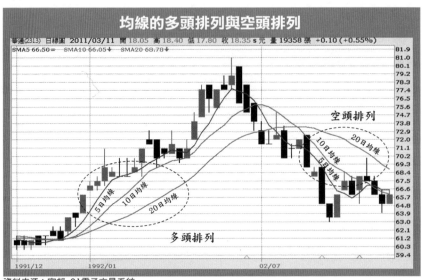

均線的多頭排列與空頭排列

資料來源：富邦e01電子交易系統

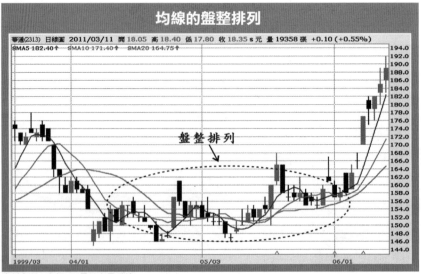

均線的盤整排列

資料來源：富邦e01電子交易系統

▌認識黃金交叉與死亡交叉

黃金交叉是指上升中的短天期移動平均線，由下往上穿過長天期的移動平均線；死亡交叉是指下降中的短天期移動平均線，由上往下穿過長天期的移動平均線。

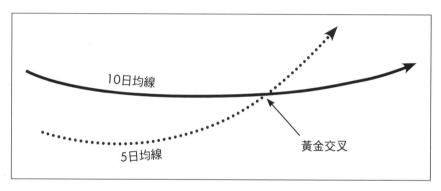

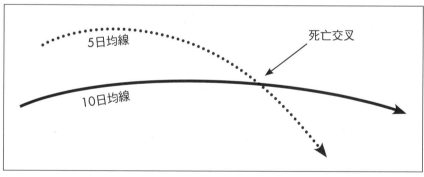

股市中沒有百分之百的賺錢方法，只有百分之百的執行力才能讓你累積財富。

出現黃金交叉時的因應策略

1. 平日鎖股（將有上漲潛力的股票建立資料夾，持續追蹤走勢）等待，當看到長久下跌的股價帶量站上均線之上，出現黃金交叉，要把握機會進場。

2. 「回檔買進」是一種比較安全的做法，適合謹慎的投資人。

3. 「順勢操作」，確認市場為上升多頭走勢時，一路做多，不但容易賺到錢，而且不容易賠錢。

4. 「多頭假跌破」需要經過後面1、2天的驗證。可分為兩種：
   ① 盤中跌破：威脅性比較小，收盤時又拉回到均線之上。
   ② 收盤價跌破：比較嚴重，必須密切注意次日的開盤價、收盤價、最高價、最低價以及成交量的變化做因應。

多頭順勢操作

黃金交叉/回檔買進/
順勢操作/多頭假跌破

續多

多頭假跌破

均線

回檔買點

黃金交叉買進點

出現死亡交叉時的因應策略

1. 看到死亡交叉，要有警覺，做多宜獲利了結，反手放空。因為，一旦確定死亡交叉，往往要下跌3波之後，才能止跌。

2. 「反彈放空」是老手在此確認空頭後再度加碼放空的時機。

3. 「順勢操作」，確認市場為下跌空頭走勢時，買方不易獲利，交易策略應一路做空獲利。

4. 「空頭假突破」需要經過後面1、2天的驗證；可分為兩種：

   ① 盤中突破：威脅性比較小，收盤時又跌到均線之下。

   ② 收盤價突破：比較嚴重，必須密切注意次日的開盤價、收盤價、最高價、最低價以及成交量的變化做因應。

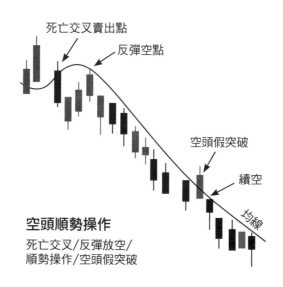

空頭順勢操作
死亡交叉/反彈放空/
順勢操作/空頭假突破

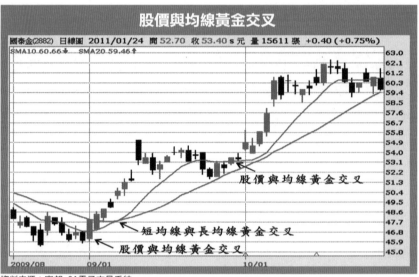

資料來源：富邦e01電子交易系統

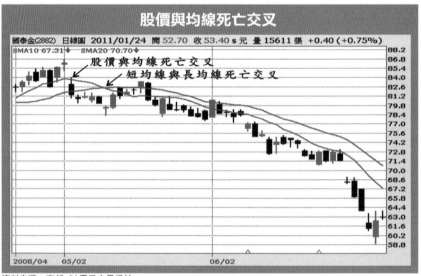

資料來源：富邦e01電子交易系統

▌均線黃金交叉的成功與失敗

在相對低檔的位置，技術線型有時出現黃金交叉而買進，但往往走勢不如人意，只上漲一小段又往下。以下我們探討什麼狀況下黃金交叉容易失敗，什麼狀況容易成功的往上漲。

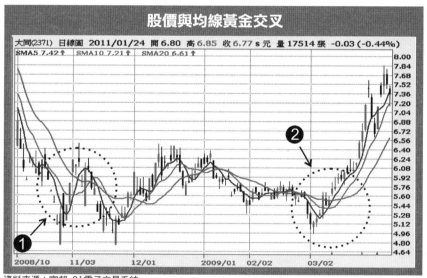

資料來源：富邦e01電子交易系統

❶ 黃金交叉後容易拉回的情況：
5日均線穿過10日均線產生黃金交叉，由於20日均線仍然下彎形成壓力，股價站上20日均線後容易拉回。

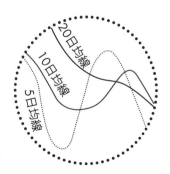

❷ 黃金交叉後容易續漲的情況：5
日均線穿過10日均線產生黃金
交叉，此時20日均線走平且漸
轉向上產生助漲力道，股價站
上20日均線後容易續漲。

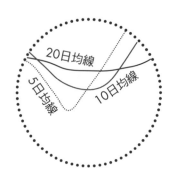

▌均線死亡交叉的成功與失敗

在相對高檔的位置，技術線型有時出現死亡交叉而放空，但
往往走勢只下跌一小段又往上。以下我們探討什麼狀況下死亡
交叉往下容易反彈，什麼狀況容易成真正下跌。

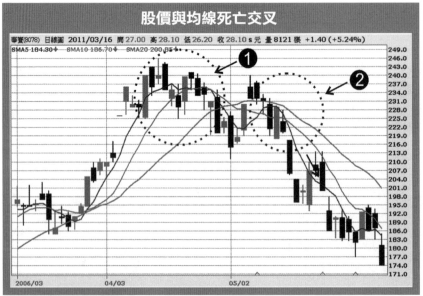

資料來源：富邦e01電子交易系統

❶ 死亡交叉後容易反彈的情況：5
日均線穿過10日均線產生死亡
交叉，由於20日均線仍然往上
形成助漲力，股價跌破20日均
線後容易再向上反彈。

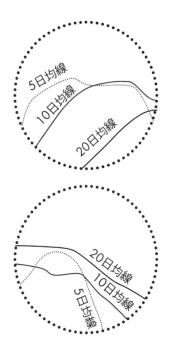

❷ 死亡交叉後容易下跌的情況：
5日穿過10日均線產生死亡交
叉，由於20日均線已往下形成
助跌力，股價跌破20日均線後
容易快速下跌。

▌善用均線乖離判斷超買或超賣

所謂的均線乖離是指實際股價與移動平均價兩者之間的價
差，此一價差相對均價的百分比稱為乖離率。舉例說明如下：

1. **正乖離情況**：當天收盤股價100元，當日的5日均線的均
價為80元。

   兩者價差＝100－80＝20　乖離率＝20÷80＝ +25%

2. **負乖離情況**：當天收盤股價80元，當日的5日均線的均價
為100元。

   兩者價差80－100＝ -20　乖離率＝ -20÷100＝ -20%

當正乖離過大，表示股價離均價過大，容易造成獲利了結的

賣壓；如負乖離過大，容易吸引買盤進場低接，因此股價會往均線位置靠攏。

均線乖離只限於個別股票使用，由於個股的資本額大小不同，乖離的尺度會不同。一般而言，大型股的正負乖離率約達10%，即可視為超買或超賣；中小型股約達20%，則可視為超買或超賣。

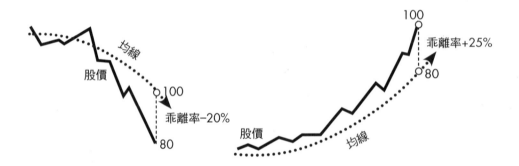

▌認識判別股價高檔、低檔的MA通道

所謂的「MA通道」，是指結合移動平均線與乖離的組合通道，利用MA通道來相互確認K線形態與價位區，可以判別股價位置目前是處於高檔，還是低檔。

因為，K線是判斷行情的指標之一，移動平均線也是判斷行情的指標之一，若兩者同時發出「買進」的訊號，彼此之間「互相確認」，那麼可靠度就很高。

同時，移動平均線所傳達的訊息比K線要可靠，因為移動平均

線有其「趨勢性」，K線是單一的、即時性的行情，遇到人為做假或投資人集體過度恐慌或過度樂觀，很容易表現在一根或幾根K線上，若忽略「趨勢」而單就K線為買賣訊號，被騙的機率就比較高。

資料來源：富邦e01電子交易系統

▌ 認識均線扣抵

均線的均價是隨每日新的收盤價計算而在變化，當日我們把新的收盤價加入，把最前面一天的收盤價減去，稱為「扣抵」。均線扣抵具有以下2大功能：

功能1：領先掌握均線的方向

從下圖可以看出，在2011年3月10日當天的5日均線的均價為116.1元，均線剛好走平，次日均價＝（580.5元－117.5元＋次日收盤價）÷5，因此，如果次日收盤價低於117.5元，那麼均線就會改成往下彎。

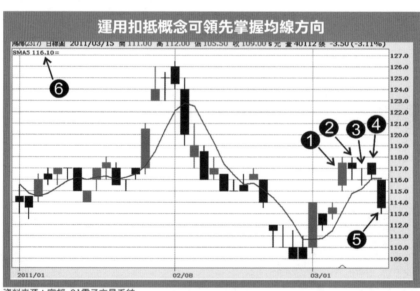

運用扣抵概念可領先掌握均線方向

資料來源：富邦e01電子交易系統

鴻海（2317）近5日收盤價		
❺	2011/03/10	113.5元
❹	2011/03/09	116.5元
❸	2011/03/08	116元
❷	2011/03/07	117元
❶	2011/03/06	117.5元

5日均價：
　113.5
＋116.5
＋116
＋117
＋117.5
＝580.5÷5＝116.1→❻

功能2：計算次日的操盤價（進出場價）

從下圖可以看出，2011年7月22日當天的5日均價為119.4元，均線往下，次日均價＝（597元－120.5元＋次日收盤價）÷5，因此，次日收盤如果高於120.5元，均線就會改成往上彎，而且收盤價站上5日均線，這時如依據5日均線操作做多，則可以買進。

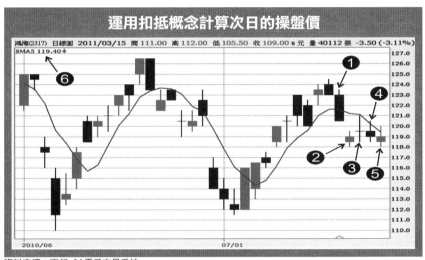

運用扣抵概念計算次日的操盤價

資料來源：富邦e01電子交易系統

鴻海（2317）近5日收盤價		
⑤	2010/07/22	119元
④	2010/07/21	119元
③	2010/07/20	119.5元
②	2010/07/19	119元
①	2010/07/18	120.5元

5日均價：
　119
＋119
＋119.5
＋119
＋120.5
＝597÷5＝119.4→⑥

█ 均線的反轉

均線的反轉型態共有多頭反轉、空頭反轉、盤整反轉等3種，以下逐一說明：

1. 多頭反轉

股價在相對高檔的位置，由多頭反轉成為空頭的時候，均線也由多頭排列逐漸反轉成為空頭的排列，即為多頭反轉。

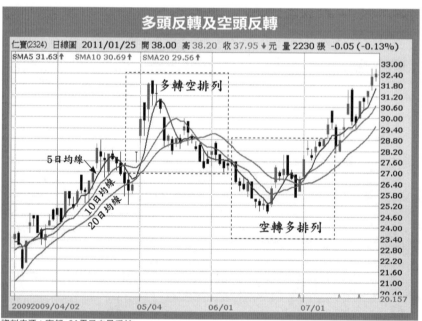

資料來源：富邦e01電子交易系統

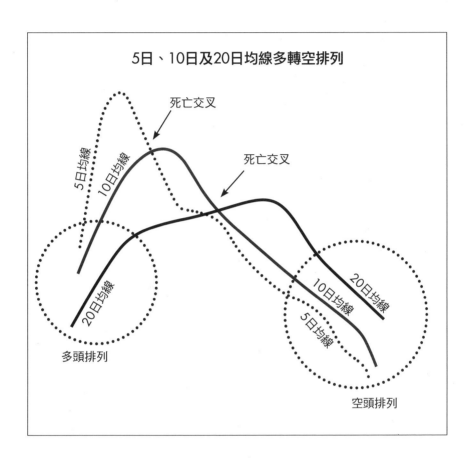

5日、10日及20日均線多轉空排列

❶ 當股市由多頭轉為空頭時，短期的5日均線先上揚後轉為下彎，並且向下穿過10日均線，形成死亡交叉。

❷ 短中期的5日均線及10日均線同時向下穿過長期的20日均線，這三條均線變成空頭排列。

2. 空頭反轉

　　股價在相對低檔的位置，由空頭反轉成為多頭的時候，均線也由空頭排列逐漸反轉成為多頭的排列，即為空頭反轉。

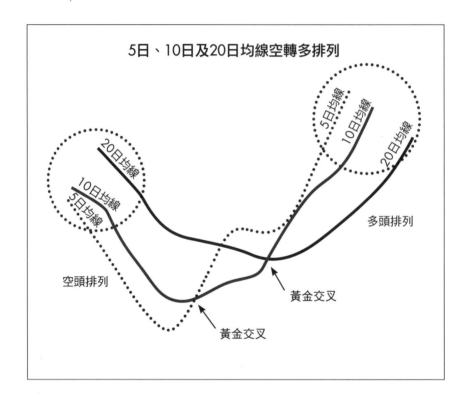

5日、10日及20日均線空轉多排列

❶ 當股市由空頭轉為多頭時，短期5日均線先往下後轉為上揚，並且向上穿過10日均線，形成黃金交叉。

❷ 短中期的5日均線及10日均線，同時向上穿過長期的20日均線，三條均線變成多頭排列。

3. 盤整區排列

　　股價進入盤整區時，均線的排列就不會那麼有順序，短期均線會上下穿梭中長期均線，均線排列雜亂。

資料來源：富邦e01電子交易系統

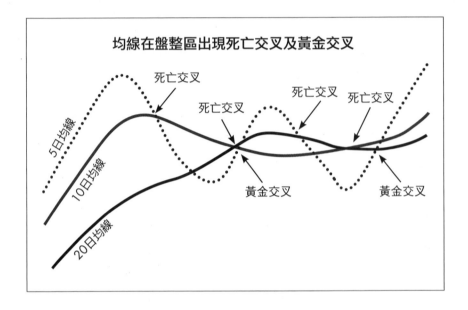

均線在盤整區出現死亡交叉及黃金交叉

死亡交叉

死亡交叉

死亡交叉　死亡交叉

5日均線

10日均線

20日均線

黃金交叉

黃金交叉

▲上圖說明：

❶ 當股市在盤整區時，短期5日均線會在中、長期均線上下穿梭，不時出現死亡交叉或黃金交叉。

❷ 當短、中、長期的5日均線、10日均線、20均線排列忽上忽下在變換，此時趨勢不明朗，最好不要進場操作。

第**4**章

活用葛蘭畢8大法則 掌握買賣位置

葛蘭畢（Granvile Joseph）在1960年提出「移動平均線」的理論，根據他對股價走勢與均線關係的觀察發現，股價在一輪漲跌過程中有4個好的買點時機及4個好的賣點時機，統稱為「葛蘭畢8大法則」。

▍葛蘭畢8大法則的4個買進時機

均線上揚時，會對股價產生支撐及助漲的功效，當股價與均線的乖離過大時，股價會往均線靠攏，因此掌握這個特性，即可掌握進場時機。

法則1：黃金交叉

在均線由下降方向逐漸平緩，甚至轉成上揚走勢下，此時股價如出現由下方向上突破均線走勢，是買進的時機，如果帶大量長紅棒更好（178頁圖❶位置）。

法則2：回跌後上漲再買

股價在均線上方，當上漲一段時回檔修正，遇到均線支撐而止跌，股價再次上漲時，是買進時機（178頁圖❷位置）。

　　「回跌後上漲再買」是行情走多頭時的重要「進場買點」，多頭回檔修正未跌破前面的低點（前波底），表示仍維持多頭走勢，所以，回檔之後的再次上漲，是買進的好時機。

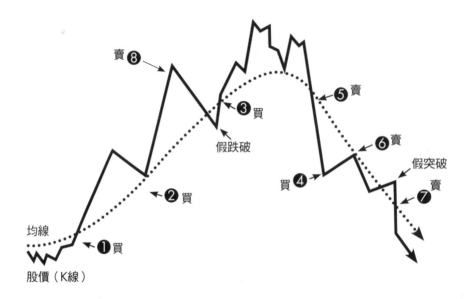

法則3：假跌破買上漲

　　股價雖然跌破均線，但很快（在3～5日內）彈升回到均線上方，且均線仍為上揚走勢，股價仍維持多頭方向，是買進時機（上圖❸位置）。

法則4：跌深搶反彈

　　在空頭走勢中，股價在均線下方，突然暴跌，此時股價離均線甚遠，乖離過大，股價反彈上漲向均線靠近時，是買進時機（上圖❹位置）。

跌深搶反彈是在空頭走勢中做多，基本上是逆勢交易，這時只能短線賺價差，由於上面均線方向往下，因此股價不漲或碰到均線遇到壓力下跌時，都要立刻出場，甚至轉成做空，即上頁圖中的第6賣點。

▌葛蘭畢8大法則的4個賣出時機

在均線下彎時，對股價會產生壓力及助跌的功效，當股價與均線的乖離過大時，股價會往均線靠攏，因此掌握這個特性，即可掌握賣出時機。

法則5：死亡交叉

均線由上升方向逐漸平緩，甚至轉向下彎態勢，此時當股價由上方向下跌破均線，是賣出（放空）的時機，但不一定需要大量（上頁圖❺位置）。

法則6：反彈後下跌再空

股價在均線下方，當下跌一段後反彈到均線有壓力，股價再次下跌時，是賣出（放空）時機（上頁圖❻位置）。

「反彈後下跌再空」是行情走空頭時的重要「放空賣點」，空頭短期反彈未突破前面的高點（前波頭），表示仍維持空頭走勢，所以，反彈之後的再次下跌，是放空的好時機。

法則7：假突破賣下跌

股價雖然突破均線，但很快（3～5日內）下跌回到均線下方，且均線仍為下彎走勢，股價仍維持空頭方向，是放空的時機（上頁圖❼位置）。

法則8：漲高搶回檔放空

多頭走勢股價在均線上方，突然暴漲，此時股價離均線甚遠，乖離過大，股價回檔下跌向均線靠近時是放空時機（178頁圖❽位置）。漲高搶回檔放空，是在多頭走勢中做空，基本上是逆勢交易，這時只能短線賺價差，由於下面均線方向往上，因此股價不跌或到均線支撐都要立刻回補，甚至轉成做多，即第178頁圖中的第2買點。

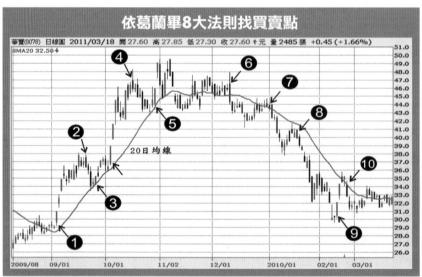

依葛蘭畢8大法則找買賣點

資料來源：富邦e01電子交易系統

▲上圖說明：

❶ 股價與均線在低檔黃金交叉，均線轉向上，葛蘭畢第1買點。

❷ 漲高空下跌，葛蘭畢第8賣點。

❸ 回跌後上漲再買，葛蘭畢第2買點。

❹ 漲高空下跌，葛蘭畢第8賣點。

❺ 回跌後上漲再買，葛蘭畢第2買點。

❻ 股價與均線在高檔死亡交叉，均線轉向下，葛蘭畢第5賣點。

❼ 假突破，續下跌，葛蘭畢第7賣點。

❽ 反彈後下跌再空，葛蘭畢第6賣點。

❾ 跌深搶反彈，葛蘭畢第4買點。

❿ 假突破，續下跌，葛蘭畢第7賣點。

█ 活用葛蘭畢8大法則必須注意的重點

從葛蘭碧8大法則的進出位置，可以明確看出順勢交易的重要。所以，當確認股價在多頭走勢時，以做多為主；空頭走勢時，以做空為主。

當股價在均線之上，均線上揚，這條均線就有支撐的作用，因此股價有可能碰觸到這條均線後止跌回升；當股價在均線之下，均線下彎，這條均線就有壓力的作用，股價往上遇到這條均線後容易再跌下來。所以，均線有支撐與壓力的兩種作用。

在實際應用時，可以先找出長期上漲趨勢的個股，等短期有交易機會再出手。總之，得找到對自己最有利的買賣點。

葛蘭畢8大法則是就股價與一條均線的關係做說明，操作者想採取長、中、短期哪一條均線，須依個人的策略而定，也可參考後續均線操盤法，採取二或三條均線控制方向及進出。

第**5**章

精通4種均線交易法 抓住飆股不求人

股票會漲會跌，當然有它背後的原因，我們不必去追究，只要定法定心去做，過些時日，原因自然顯露。以下提供4種移動平均線的操作方法，想要抓住飆股必看！

▌一條均線操作法（20日均線法）

所謂的「一條均線操作法」是以20日均線為依據。以多頭走勢為例，當多頭走勢成立，均線上揚，股價站上20日均線時買進，跌破20日均線時賣出，再站上均線時再買進。

在市場處於多頭走勢時，運用一條均線操作法，有利賺多賠少，且大大減少操作次數，容易控制操盤EQ，不失為多頭時期的簡易悠閒的方法。一條均線操作法也可採用 3日、5日、10日等其它均線作為進出依據，愈短期均線，進出次數愈頻繁。

同樣情況，以空頭走勢為例，當空頭走勢確立，均線下彎，股價落在20日均線之下時，則可以賣出或做空。

不過，一條均線線操作法有3個缺點：

1. 採用短期3日或5日均線，股價與均線會頻繁交叉，不斷的發

出買賣訊號,因此,錯誤的訊號及騙線比較多。

2. 採用長週期的均線,例如10日、20日均線,這種錯誤及騙線的訊息少很多,但卻容易延誤出場的時機。

3. 採用3日或5日的短期均線,由於上下變化快速,對長期趨勢方向不易把握。因此可利用長期、短期不同的2根均線來解決一條均線的缺失。

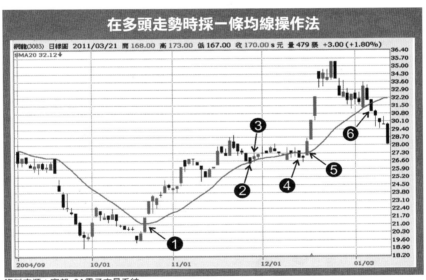

在多頭走勢時採一條均線操作法

資料來源:富邦e01電子交易系統

▲上圖說明:

❶ 2004年10月20日收盤價21.6元買進(股價站上均線,均線走平)。

❷ 2004年11月26日收盤價26.4元賣出(股價跌破均線)。

❸ 2004年11月29日收盤價27元買進（股價站上均線，均線上揚）。

❹ 2004年12月14日收盤價26.9元賣出（股價跌破均線）。

❺ 2004年12月16日收盤價28.3元買進（股價站上均線，均線上揚）。

❻ 2005年1月7日收盤價31元賣出（股價跌破均線）。

結果説明：

1. 第1次進出差價：26.4元－21.6元＝＋4.8元

   第2次進出差價：26.9元－27元＝－0.1元

   第3次進出差價：31元－28.3元＝＋2.7元

2. 合計差價為獲利7.4元，二個半月進出3次，獲利率28%。

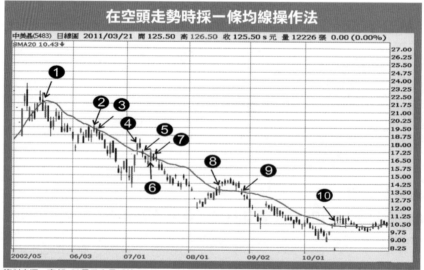

資料來源：富邦e01電子交易系統

◀上頁圖說明：

❶ 在收盤價21元放空（跌破均線）。

❷ 在收盤價19.6元回補（站上均線）。

❸ 在收盤價18.9元放空（跌破均線）。

❹ 在收盤價18元回補（站上均線）。

❺ 在收盤價17元放空（跌破均線）。

❻ 在收盤價17.1元回補（站上均線）。

❼ 在收盤價16.4元放空（跌破均線）。

❽ 在收盤價14元回補（站上均線）。

❾ 在收盤價13.3元放空（跌破均線）。

❿ 收盤價10.55元回補（站上均線）。

結果說明：

1. 在5個月共進出5次。

2. 合計差價為獲利7.35元，獲利率35%。

▌二條均線操作法

所謂的「二條均線操作法」是以5日、20日均線為依據，5日均線適合用來作為短期進出的判斷依據，20日均線則適合用來作為中長期趨勢轉折的判斷依據。

二條均線操作法及口訣	
股價位置	操作方式
5日線之上、20日線之上	買進多單，20日線上揚
5日線之下、20日線之上	賣出多單，空手觀望
口訣：先買後賣不做空	
5日線之下、20日線之下	賣出空單，20日線下彎
5日線之上、20日線之下	回補空單，空手觀望
口訣：先空後補不做多	

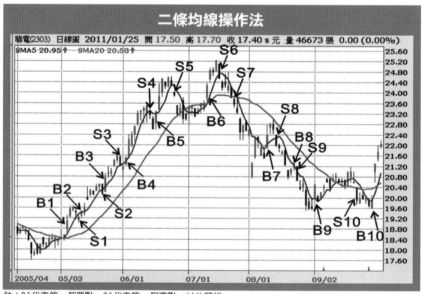

二條均線操作法

註：B1代表第一個買點，S1代表第一個賣點，以此類推。
資料來源：富邦e01電子交易系統

◀上頁圖說明：

B1：5日均線穿過20日均線，股價站上5日均線，買進。

S1：股價跌破5日均線，賣出。

B2：股價站上5日均線，買進。

S2：股價跌破5日均線，賣出。

B3：股價站上5日均線，買進。

S3：股價跌破5日均線，賣出。

B4：股價站上5日均線，買進。

S4：股價跌破5日均線，賣出。

B5：股價站上5日均線，買進。

S5：股價跌破5日均線，賣出。

B6：股價站上5日均線，買進。

S6：股價跌破5日均線，賣出。

S7：5日均線跌破20日均線，股價跌破5日均線，放空。

B7：股價站上5日均線，回補。

S8：股價跌破5日均線，放空。

B8：股價站上5日均線，回補。

S9：股價跌破5日均線，放空。

B9：股價站上5日均線，回補。

S10：股價跌破5日均線，放空。

B10：股價站上5日均線，回補。

▌三條均線操作法

所謂的「三條均線操作法」是以3日、10日、20日均線為依據，其中以3日、10日均線這兩條均線的黃金交叉與死亡交叉作為進出的依據，並以20日均線作為多空方向的依據。操作方法有二：

1. 3日均線與10日均線黃金交叉，股價在20日均線之上，且20日均線向上，當股價站上3日線之上，買進多單；當3日均線與10日均線產生死亡交叉，股價跌破10日均線時賣出。

2. 當3日均線與10日均線死亡交叉，股價在20日均線之下，且20日均線向下，當股價跌破3日線之下，空單進場；當3日線與10日均線產生黃金交叉，股價站上10日均線時回補。

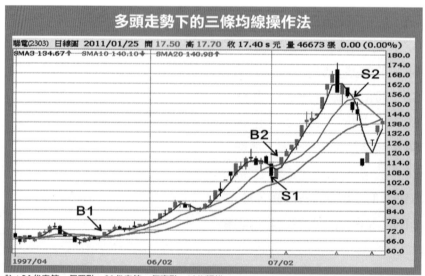

多頭走勢下的三條均線操作法

註：B1代表第一個買點，S1代表第一個賣點，以此類推。
資料來源：富邦e01電子交易系統

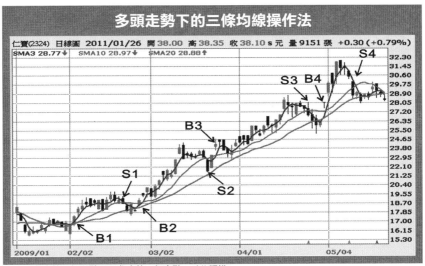

註：B1代表第一個買點，S1代表第一個賣點，以此類推。
資料來源：富邦e01電子交易系統

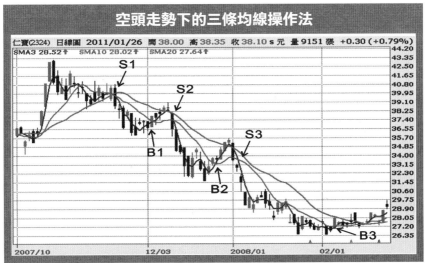

註：B1代表第一個買點，S1代表第一個賣點，以此類推。
資料來源：富邦e01電子交易系統

▍利用均線糾結抓住飆股的操作法

當多條移動平均線糾結在一起之後，如末端出現向上突破或向下跌破，即是大漲大跌的徵兆。從右頁的兩個股價走勢圖也可以看出，突破或跌破均線長期糾結後，都有一段不小的上升或下跌的走勢，因此，把握均線糾結的突破或跌破，是觀察及操作飆股的重要方法。

以下提供利用均線糾結時抓住飆股的重要觀念：

1. 移動平均線即是成本觀念，若多條移動平均線糾結，即是累積多條移動平均線的能量之意，能量愈大，無論是往上噴出，或是往下摜破，其能量可觀，不是大漲即是大跌。

2. 假設均線靠攏至120日均線（半年線）且糾結在一起，顯示近半年買的人，成本都差不多，因此，當股價最後無論向上突破或向下跌破，這半年累積的大量投資人都將表態，因此容易造成飆漲或飆跌。

3. 均線靠攏糾結在一起，當出現大量長紅K線向上突破時，均線開始上揚，由於短期均線反應最快，因此均線開始呈現多頭排列。

4. 均線靠攏糾結在一起，當出現長黑K線向下跌破時，均線開始下彎，由於短期均線反應最快，因此均線開始呈現空頭排列。

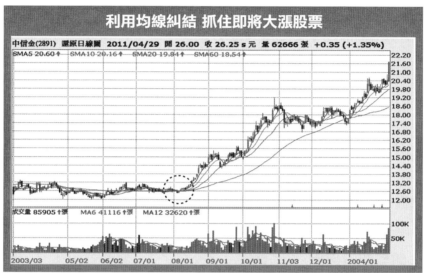

資料來源：富邦e01電子交易系統

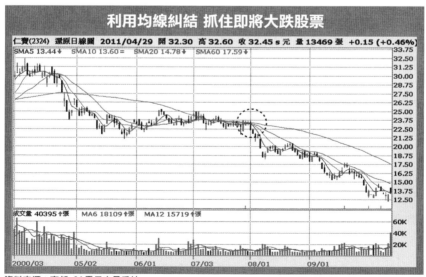

資料來源：富邦e01電子交易系統

▍移動平均線的3大缺點

任何操作的方法都不可能十全十美，利用移動平均線做為進出股市的依據，同樣會有缺點，當我們瞭解缺點後，可以運用其他的技術指標來幫助修正，以達到更好的操作績效。

1. 為落後指標

移動平均線是經過數日之後的平均值，股價往往上漲一大段後，平均線才開始上揚或形成黃金交叉，在下跌一大段後才下彎或形成死亡交叉，因此，無法立刻反應股價的轉折變化。我們可以用波形、波向及K線的轉折來提早反應。

2. 盤整期不適用

當移動平均線在盤整區間相互上下穿梭時，由於無法看出一致性，此時最好退出觀望。任何操作方法在盤整區都很難操作，如果一定要操作，可以將盤整區的上頸線及下頸線畫出來，然後採取低進高出的方法賺價差。

3. 無法掌握最高及最低價位

用移動平均線操作進出，無法買到最低點及賣到最高點。

搞懂切線入門觀念
揭開支撐及壓力的秘密

　　一條切線就能定出方向，一條切線就能知道支撐及壓力，一條切線就知道趨勢改變。

▌切線的意義

　　所謂的「切線」就是趨勢線，股市每天交易在前進時，股價都會朝一個方向進行，這個方向我們稱為趨勢。當方向確定後，無論走的時間是長或短，要轉變成另一個方向，都需要經過轉換的過程。

　　我們可以用切線來表示趨勢的方向，切線不但告訴我們行進方向，更重要是，切線能夠告訴我們方向即將改變的訊息，同時，切線也提供支撐與壓力的作用。

▌切線的畫法

　　以下逐一介紹5種切線的畫法，一起來練基本功吧！

1. 上升切線（上升趨勢線）

在多頭上漲走勢中，股價漲漲跌跌中明顯看的出高點愈來愈高，低點也同樣愈墊愈高，我們把上升中的兩個最低點連接成一條向上的走勢線，即為上升切線，又稱為上升趨勢線。

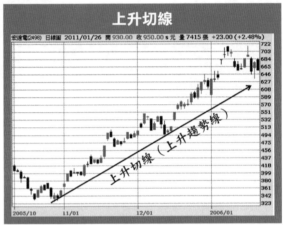

資料來源：富邦e01電子交易系統

2. 下降切線（下降趨勢線）

在空頭下跌走勢中，股價高點愈來愈低，且低點也愈來愈低，我們把下跌中的兩個最高點接成一條向下的走勢線，即為下降切線，又稱為下降趨勢線。

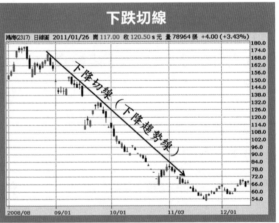

資料來源：富邦e01電子交易系統

3. 盤整切線

當股價進入盤整時段可以發現高點不過高,而低點也不往下破低,股價在一個區域上下走動,我們將上方高點的連線稱為「上頸線」,下方低點的連線稱為「下頸線」,股價在上下頸線中盤整,會產生不同的盤整型態,而上下頸線是否被向上突破或被向下跌破,就是我們要觀察的重點。

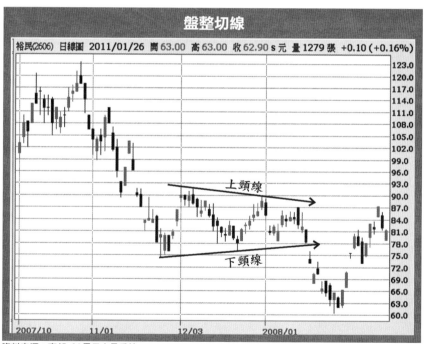

資料來源:富邦e01電子交易系統

4. 上升軌道線

當股價上升時，在股價上方，連接兩個高點，產生一條向上與上升切線略約平行的線，稱為「上升軌道線」，股價在兩線中走動，成一軌道趨勢。

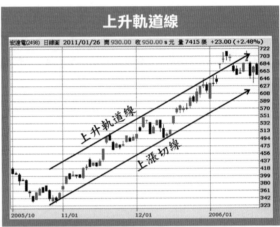

資料來源：富邦e01電子交易系統

5. 下跌軌道線

當股價下跌時，在股價下方，連接兩個低點，產生一條向下與下降切線略約平行的線，稱為「下跌軌道線」，股價在兩線中走動，成一軌道趨勢。

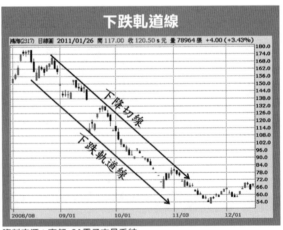

資料來源：富邦e01電子交易系統

█ 趨勢與切線的不同點

趨勢與切線仍有一些差異，趨勢是單純指股價現在行進的方向，例如多頭走勢、空頭走勢、盤整休息；切線除了取出方向外，還會因同一趨勢中股價的回檔、反彈的轉折而畫出不同的切線。換句話說，趨勢沒有改變，但是切線會因產生新的轉折點而可以畫出新的切線。

趨勢可以分為：

1. **長期趨勢**：1年以上股價長期在同一個趨勢內行進。
2. **中期趨勢**：3個月以上，1年以下的時間中股價波動的方向。
3. **短期趨勢**：短時間之內股價走的方向。

在一般的操作中，長期趨勢要看月線走勢圖，中期趨勢看週線走勢圖，短期趨勢則看日線走勢圖的變化（詳見第198、199頁圖例）。

一檔股票在長期趨勢中是多頭，但是中短期的趨勢有可能是空頭，所以，我們在操作時一定要分辨清楚，而且自己一定要明確知道自己是在做哪個週期的操作，否則很容易被市場主力修理而賠錢。

以下是中壽（2823）在同一時期的月線圖、週線圖、日線圖，三者的走勢不同。

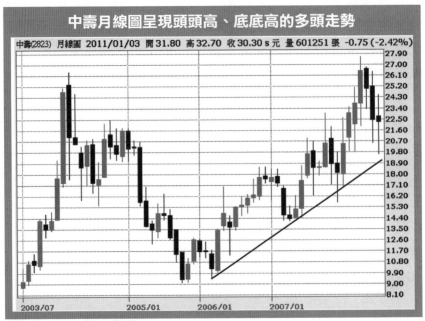

資料來源：富邦e01電子交易系統

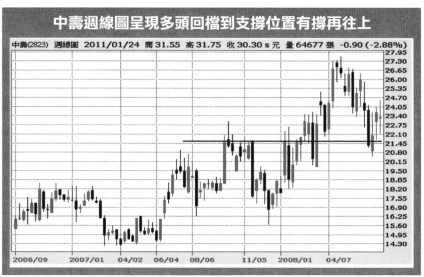

中壽週線圖呈現多頭回檔到支撐位置有撐再往上

資料來源：富邦e01電子交易系統

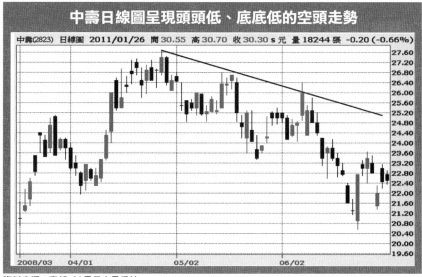

中壽日線圖呈現頭頭低、底底低的空頭走勢

資料來源：富邦e01電子交易系統

▌對切線應有的基本概念

切線會隨著股價的變化而產生不同的切線，當切線的斜率愈高（角度愈大）表示股價上升的速度愈快，股價愈強。

當一個趨勢的切線被跌破或突破，代表原來的趨勢走向有改變的可能，但是並非一定會改變，尚需觀察後面走勢的狀態才能確認。因此，股價突破下降切線或跌破上升切線，可視為改變走勢方向慣性的第一個訊號。以下介紹3種切線：

1. 原始切線：

行情由空頭轉為多頭時，第一次產生的兩個最低點連接成的上升線，稱為「原始切線」。當趨勢確立後，股價會離原始切線越離越遠，日後股價回檔，如果跌破原始切線後再轉折向上產生新的低點，則原始切線將會修正。

2. 隨機切線：

隨著盤面走勢變動而隨時產生的切線。也就是說，走勢每出現一次新的轉折，都會產生新的切線。

3. 當下切線：

由超短期數天股價的最高點或最低點所連接的切線變化而畫的切線，一般被當做當下進場出場的參考。

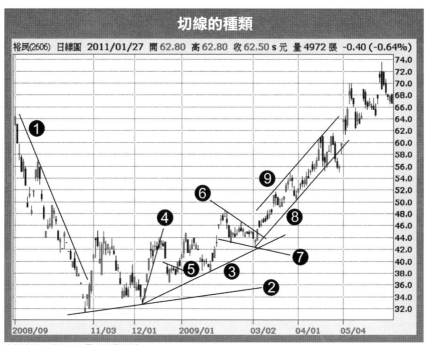

切線的種類

裕民(2606) 日線圖 2011/01/27 開 62.80 高 62.80 收 62.50 s 元 量 4972 張 -0.40 (-0.64%)

資料來源：富邦e01電子交易系統

▲上圖說明：

❶ 下降切線。

❷ 由空轉多的原始切線。

❸ 隨機切線。

❹ 上升當下切線。

❺ 下降當下切線。

❻ 下降切線。

❼ 下降軌道線。

❽ 上升切線。

❾ 上升軌道線。

❿ 請注意觀察，❷、❸、❽ 三條上升切線的斜率愈來愈高，表示走勢愈來愈強。

▌趨勢反轉的確認條件

　　我們對行情走勢的改變，要抱持高度的警覺心，如果看不出趨勢反轉的訊息，做多沒有賣掉，賺錢反而變成賠錢，甚至不知多頭行情要結束，在高檔還去追買股票，更是慘遭套牢，所以下面多空反轉的現象，要牢記在心。

趨勢的觀察重點

1. 多頭趨勢的觀察重點：頭頭高，底底高。漲勢大於跌勢。如果前一個低點被跌破或前一個高點過不去，都是多頭趨勢慣性改變的訊號。

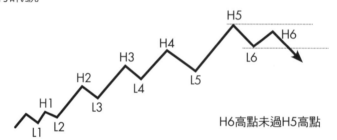

H6高點未過H5高點

2. 空頭趨勢的觀察重點：頭頭低，底底低。跌勢大於漲勢。如果前一個高點被突破或前一個低點未跌破，都是空頭趨勢慣性改變的訊號。

L6低點未跌破L5低點

從切線判斷由多轉空的觀察重點

1. 跌破上升切線。

2. 跌破前波低點，產生底底低。

3. 反彈不過前頭高，產生頭頭低。

4. 繼續跌破前波低點。

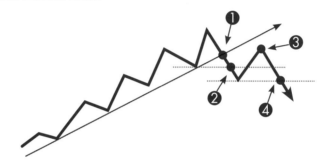

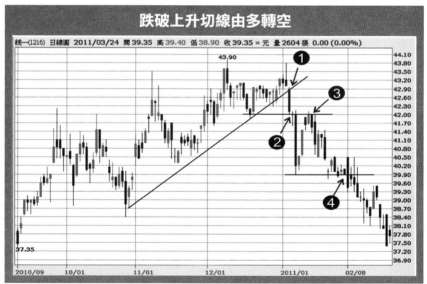

資料來源：富邦e01電子交易系統

從切線判斷由空轉多的觀察重點

1. 突破下跌切線。

2. 突破前波高點，產生頭頭高。

3. 回檔不破前波低點，產生底底高。

4. 繼續突破前波高點。

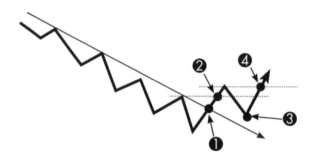

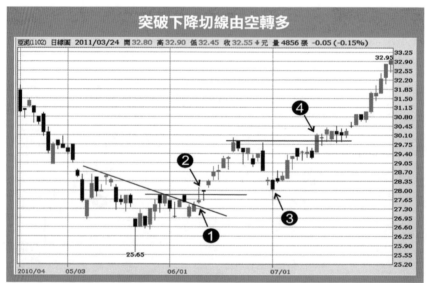

資料來源：富邦e01電子交易系統

第 **7** 章

學會切線操作應用 挑出飆股與弱勢股

在股市操作的學習有兩大部分，一為基本專業知識，一為實際操作方法，以及操作情緒的控制，以下提供切線的實際操作方法。

▌用切線支撐與壓力判別股票強弱

對於如何利用切線支撐與壓力的強弱，找出飆股做多、弱勢股放空，以下逐一介紹7種切線的基本應用方法。

1. 上升與下降切線各為支撐、壓力

上升切線（趨勢線）具有支撐的力量，下降切線（趨勢線）具有壓力的作用。

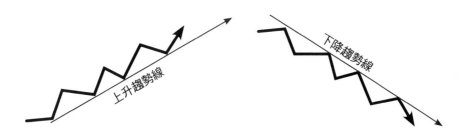

2. 角度愈大，支撐、壓力也愈大

上升切線（趨勢線）上升的角度愈大，支撐的力量愈大，下降切線（趨勢線）下降的角度愈大，壓力的作用愈大，詳見本頁左圖。

3. 挑出盤整期飆股的方法

在上升切線支撐及下降切線壓力的應用方面，從下圖可以看出，同樣盤整的股票，圖3最強，圖2次強，圖1較弱。綜合以上分析，應選擇圖3股票往上突破上漲時做多。

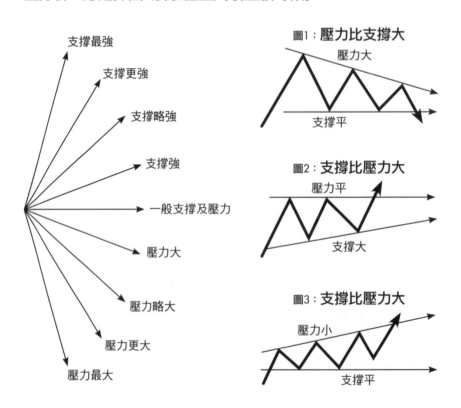

從下圖可以看出，同樣盤整的股票，圖6最強，圖4次強，圖5較弱。綜合以上分析，應選擇圖6股票做多。

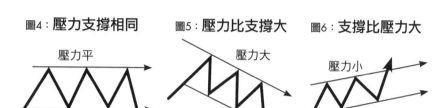

圖4：壓力支撐相同　**圖5：壓力比支撐大**　**圖6：支撐比壓力大**

4. 從上升走勢的回檔幅度挑出飆股

在上升走勢中，回檔幅度愈小，上升趨勢愈強；回跌幅度愈大，上升趨勢愈弱。

從下圖可以看出，同樣多頭的股票，圖1走勢最強，因為回檔最少，因此再往上時，上面套牢壓力最少，所以容易繼續創新高往上；圖2次強，回檔約一半，再往上時，上面套牢壓力比圖1要重，需要較大的成交量去化解壓力；圖3則較弱，因為回檔最多，再往上時，上面重重壓力，要越過前波高點比較困難，容易進行盤整，需要用時間化解壓力。綜合以上分析，所以應選擇圖1股票做多。

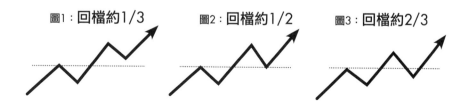

圖1：回檔約1/3　　**圖2：回檔約1/2**　　**圖3：回檔約2/3**

5. 從下降走勢的反彈幅度選放空股票

在下降走勢時，反彈幅度愈小，下跌趨勢愈強，反彈幅度愈大，下跌趨勢愈弱。

從下圖可以看出，同樣空頭的股票，圖1跌勢最強，反彈最少，表示上面壓力重，反彈力道弱，因此再往下時容易繼續創新低、繼續下跌；圖2次強，反彈約一半，反彈力道略強，再往下時，上面套牢壓力比圖1要輕，容易受到下面反彈支撐，讓跌勢趨緩；圖3較弱，反彈最多，反彈力道最強，再往下時，上面壓力輕，再下跌容易止跌，不再破底的機會較大，容易進行打底盤整。綜合以上分析，所以應選擇圖1股票做空。

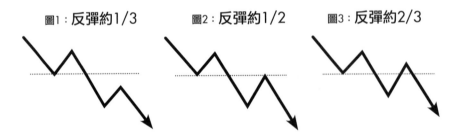

圖1：反彈約1/3　　圖2：反彈約1/2　　圖3：反彈約2/3

當市場大跌，手中股票只有兩種選擇，一是立刻賣掉，一是套牢長抱，後者往往是輸家，如果往下攤平，急求解套，就會成為大輸家。

6. 上升趨勢出現扇形修正，代表由多轉空

當股價跌破原本的上升切線後，雖然改變上升軌道，但仍維持上升趨勢不變；第2次再跌破新的上升切線，上升的角度變緩，表示上升力道減弱；第3次又跌破上升切線後，即形成扇形修正，代表主要趨勢已反轉，行情由多轉空。

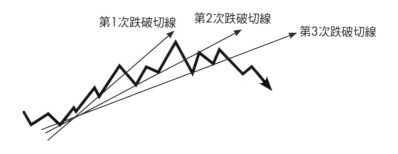

7. 下降趨勢出現扇形修正，代表由空轉多

當股價突破原本的下降切線後，雖然改變軌道，仍然維持下降趨勢不變；第2次再突破新的下降切線，下降的角度變緩，表示下跌的力道減弱；第3次突破下降切線後，即形成扇形修正，代表主要趨勢已反轉，行情由空轉多。

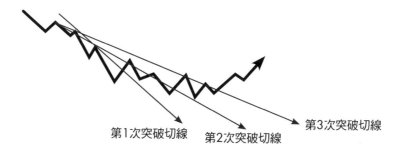

▌判斷K線及切線 找出最有利的買賣點

綜合本篇結論：當K線向上突破下降切線，要站在多方；跌破上升切線，除非之後有大量再強拉站上切線上方，否則要保守應對。

如果是長線的操作要用月線切線，中線操作用週線切線、短線操作用日線切線、極短線用小時線、分時線的切線觀察。

K線及切線（趨勢線）的共同點是，兩者都可以判斷多空雙方力量的變化，都可以作為買賣進出的依據。但是K線偏重於當日，偏重於短線。而切線（趨勢線）偏重趨勢方向，適合作為波段操作的依據。

以下提供綜合判斷K線及切線（趨勢線）的相互應用方法，以找出最有利的買賣點。

K線及切線的5個買賣點戰略

1. 以切線為主，K線為輔。
2. 當切線出現買點，K線出現買點，是最佳買點。
3. 當切線出現買點，K線出現賣點，仍宜站在買方。
4. 當切線出現賣點，K線出現買點，宜站在賣方。
5. 當切線出現賣點，K線出現賣點，是最佳賣點。

綜合判斷K線及切線的買進位置

1. 盤整末端，拉出長紅K線，由下往上突破下降切線時。
2. 上漲回檔接近上升切線有撐，K線翻紅上漲時。
3. 股價回檔，跌破上升切線，但是短期又回到切線上方時。
4. 空頭股價下跌，離下降切線過遠，因乖離過大而反彈時。

綜合判斷K線及切線的賣出位置

1. 股價漲高，拉出長黑K線，跌破上升切線時。

2. 空頭反彈到下降切線時，又出現黑K線向下時。

3. 空頭反彈突破下降切線，但很快又跌破下降切線時。

4. 多頭股價上漲，離上升切線過遠，因乖離過大而回檔時。

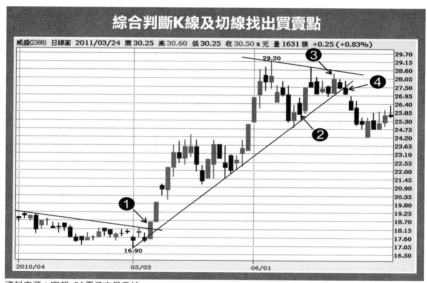

資料來源：富邦e01電子交易系統

▲上圖說明：

❶ 切線出現買點，K線出現買點，是最佳買點。

❷ 切線出現買點，K線出現賣點，仍宜站在買方。

❸ 切線出現賣點，K線出現買點，宜站在賣方。

❹ 切線出現賣點，K線出現賣點，是最佳賣點。

第 **4** 篇

價量關係
為你道盡籌碼供需

一般散戶對成交量與價格的漲跌關係
最難瞭解，本篇分別介紹價量關係的
9種組合，讓你經由價量的變化，清
楚的看出籌碼的變化，自然對股價走
勢的強弱瞭若指掌，更能洞悉主力進
貨出貨的動作。

第 1 章

輕鬆搞懂成交量
洞悉主力進出動態

成交量是推動股價漲跌的重要關鍵，透過成交量可以洞悉市場主力的進出情況。

▋成交量代表市場參與的資金動能

價量關係是由市場供需來決定，買賣雙方何者有急迫需求，將推動股價的方向。股價上漲，表示今天買進的人認為明天還會上漲，願意用更多的錢去買同一張股票。

假設只有一張股票在市面上買賣，股價要一直上漲，後面想接手的人就要花更多的資金，當最後沒有人接手的時候，那就表示股價過高，後面沒有人願意再出更高價購買，持有股票的人只有降價求售一途，這時股價就會開始下跌。

市場中股價的波動，到底是因為成交量放大，造成股價上漲？還是因為價格開始上漲，大家追買而造成成交量放大？這個問題像「雞生蛋，蛋生雞」一樣，各說各話。其實，這根本不是重點，我們探討價量關係，重點在探究造成股價上漲或是下跌的成交量是出於何人之手。

▎上升走勢的4階段價量變化

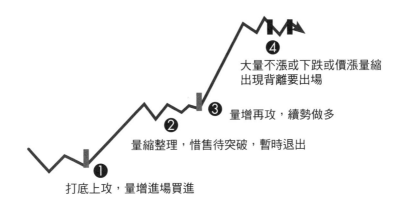

❹
大量不漲或下跌或價漲量縮
出現背離要出場

❸ 量增再攻，續勢做多

❷
量縮整理，惜售待突破，暫時退出

❶
打底上攻，量增進場買進

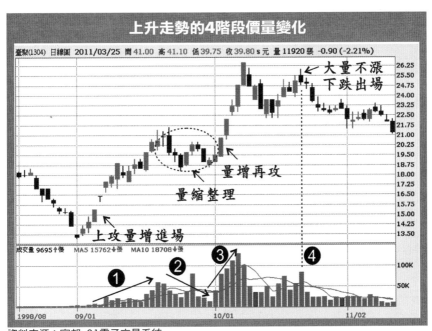

上升走勢的4階段價量變化

臺聚(1304) 日線圖 2011/03/25 開 41.00 高 41.10 低 39.75 收 39.80 s 元 量 11920 張 -0.90 (-2.21%)

大量不漲
下跌出場

量增再攻

量縮整理

上攻量增進場

成交量 9695↑張　MA5 15762↓漲　MA10 18708↓漲

資料來源：富邦e01電子交易系統

▌下跌走勢中的4階段價量變化

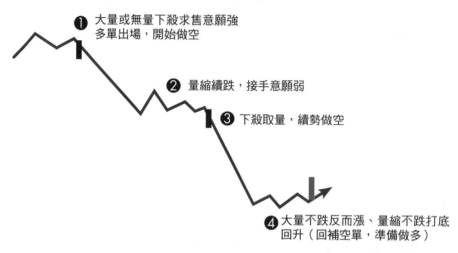

❶ 大量或無量下殺求售意願強
多單出場,開始做空

❷ 量縮續跌,接手意願弱

❸ 下殺取量,續勢做空

❹ 大量不跌反而漲、量縮不跌打底
回升(回補空單,準備做多)

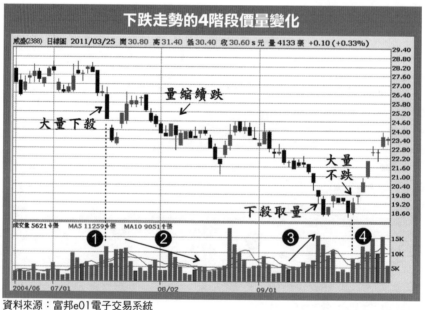

資料來源:富邦e01電子交易系統

▌決定價格的因素

在股市中，價格的決定在於市場交易者對未來的看法，市場交易者有人想要賣的時候，剛好有人想要買，於是市場出現供給方及需求方，當雙方達到相同的期望價格，就形成了成交的價格。

買賣雙方的拉鋸，造成價格的波動，當供給大於需求，價格往下跌，當需求大於供給，價格上漲。

▌決定成交量的因素

在價量關係中，最常聽到的是價漲量增、價跌量縮、價量背離這3種名詞。市場的正常供需關係為價漲量增、價跌量縮，如果出現價漲量縮或價跌量增，一般稱為「價量背離」。

1. 價漲量增

當股價要往上漲，買方所遭遇的就是持有股票者的獲利賣壓及解套賣壓，要消化這些賣出的股票，自然需要大的成交量。

當股價接近頸線、壓力線、前面高點，要能有效突破向上，必須帶量一口氣衝過，否則無量的突破，容易形成假突破。

當股價上漲一段之後，暴量不漲，代表上面有人利用大量時出貨，此時，手中持股者要減碼或密切觀察走勢，隨時要出脫股票。

2. 價跌量縮

當股價開始往下跌，買方預期價格還會往下，因此願意承接的人不多，造成成交量萎縮。

在下跌的過程中，股價接近8大支撐處（詳見第48頁）或均線支撐，要能有效跌破，必須帶量（因為要跌破多頭防線），無量的跌破容易形成假跌破。

市場剛開始下跌，通常會量縮，一旦出量加速下跌，賣壓得以紓解，如果在出量後量縮，價格跌勢平緩止穩，則是止跌的跡象。

在下跌的過程中，如果成交量無法萎縮，表示籌碼仍然不安定，即使反彈，仍然會下跌，不要隨便去買股票，極易套牢。

3. 價量背離

雖然出現背離現象，不必然對正在進行的股價走勢會產生立刻的改變，但對股價處於不同階段的反應會不同，本篇第2章的「價量9種變化」對此有詳細的說明。

價量背離比較適用在大盤指數或是成交量大的大型股，成交量小的股票，籌碼容易受到人為控制，價量關係不容易判斷。

當量持續增加，價卻不能隨之往上創新高價，即代表高檔有人在供應籌碼，買盤雖然持續進場（最有可能是散戶追價），但是股價無法突破高點，持股要小心。

當股價一直創新高，量卻無法創高，代表當賣壓隨著股價上漲漸增的同時，買盤力量減弱，造成成交量放不出來，持股要小心。

　　當價持續往下，量不減反增，通常後面還有低點。當量持續萎縮，而價止穩不再下跌，表示賣壓漸小，當買盤認同進場，就會產生量增價揚的狀況。

　　價量口訣：多頭走勢→量增則攻，量縮則回。
　　　　　　　空頭走勢→有量則跌，量縮則彈。

█ 價量背離的3種基本型態

1. 價漲量縮

　　價漲量縮是指在股價不斷創新高時，成交量卻越來越少。一般而言，最大成交量和最高股價，並不常同時出現，通常是量領先於價，也就是量先價行，因此，大量之後還會有高價，只是如果往後量漸縮，形成價量背離，後面的價就走不遠，隨時要注意出場訊號，停利出場。

　　如果是飆升中的個股，如有此種情形，大約3天後，股價隨量下跌的機率大增。

2. 價跌量增

　　要特別小心價跌量增！這表示行情仍處於恐慌性下跌，在出現量縮之前，股價還會動盪不安。

　　只有等待價穩量縮，賣壓消化完畢後，經過打底，才有止跌反轉的可能。

3. 價平量增

價平量增是最為常見的情況,須注意股價所處的位置。當股價上升後,成交量還在增加,但是股價卻突然毫無動靜,這種情況如持續2～3天,小心股價即將回檔。

當股價下跌趨緩,價平情況如持續2～3 天,而成交量增加,此時如果價往上突破,即將反彈;如果往下跌破,將繼續下跌的趨勢。

當股價下跌到價不再跌,成交量出現窒息量,經過盤整打底、型態整理突破、突破下降切線、週線出現長下影線、小十字線,這時出現出大量股價往上漲時,正是告訴你財神到來,把握機會進場。

窒息量:出現月均量的二分之一,甚至三分之一的超小量。
出大量:大於過去6日平均量2～3倍以上的量。

觀察成交量的3個重點

1. 先看價再看量

先看價的變化,例如,在漲勢中,價理應繼續走高,當價出現停滯或下跌時,觀察此時量的反應如何,以進一步推測價的可能變化。

2. 暴巨量的位置不同，好壞不同

暴巨量股價向上突破均線→好；暴巨量股價向下→壞

底部暴巨量→好；途中暴巨量往上→好；頭部暴巨量→壞

3. 暴巨量之後的觀察重點

暴巨量之後的2、3天，股價突然反轉的機率不多，但是如果在往後的5～8天之內，沒有出現更大的量，那才可怕，要特別提高警覺！

第**2**章
釐清9種價量關係 散戶也能勝經在握

　　成交量可分為量增、量平、量縮；成交價可分為價漲、價平、價跌；價量互動，可產生9種變化，在上漲、下跌、盤整過程中，分別具有不同的意義。

▌1. 價漲量增

　　在低檔或上漲初期，出現價漲量增情況，表示漲勢可期。

　　股價若持續往上，形成上升趨勢，當上漲一段以後出現天量，觀察次日若不漲反跌，可能是主力高檔出貨，逢高宜分批賣出。

　　在初跌段或主跌段中，出現價漲量增情況，可能只是短期反彈，在波形或均線尚未呈現多頭時，後市仍不明，要觀望。

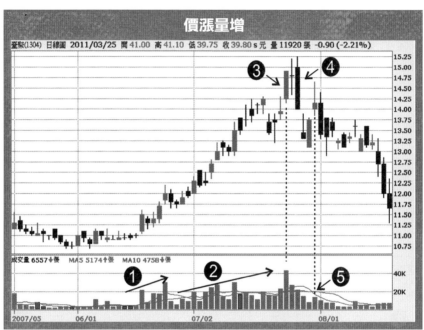

資料來源：富邦e01電子交易系統

▲上圖說明：

❶ 上漲初期價漲量增。

❷ 上升趨勢價漲量增。

❸ 高檔暴出大量。

❹ 次日不漲反跌。

❺ 下跌中出現價漲量增，只是初跌段的反彈。

▋2. 價漲量縮

在上漲初期，出現價漲量縮情況，代表成交量不足，不易大漲。在主升段中價漲量縮，顯示籌碼鎖定，惜售，易造成飆漲。在末升段中出現價漲量縮的價量背離情況，小心股價可能反轉。在盤整期，價漲量縮，盤整若被突破，漲勢形成。

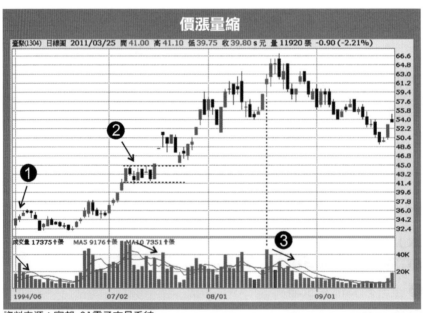

資料來源：富邦e01電子交易系統

▲上圖說明：

❶ 上漲初期價漲量縮，不易大漲。

❷ 在盤整期量縮，若突破盤整，漲勢形成。

❸ 在高檔出現價漲量縮的價量背離情況，小心股價反轉。

▍3. 價漲量平

在低檔或盤整期，出現價漲量平情況，表示主力大戶尚未進場，一時不易上攻，宜再做觀察。

上漲一段後，在高檔產生價漲量平，則容易做頭，要注意反轉訊號出現，立刻出場或放空。

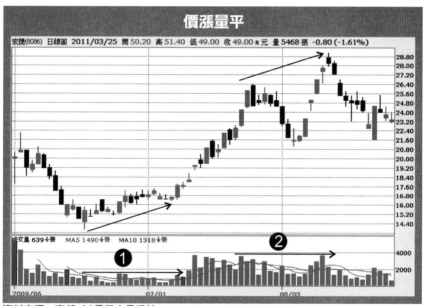

資料來源：富邦e01電子交易系統

▲上圖說明：

❶ 低檔價漲量平，不易大漲。

❶ 高檔價漲量平，容易做頭。

▌4. 價跌量增

在末跌段中，出現價跌量增情況，表示出現買盤，接近落底，注意止跌訊號，計畫買進。在初升段中，價跌量增，代表主力大戶或法人進貨。在末升段中，出現價跌量增的價量背離情況，如加上巨量，可能是主力壓低出貨。在初跌或主跌段中，下跌有量，表示將繼續空頭走勢。

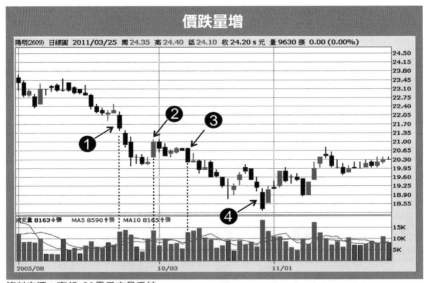

資料來源：富邦e01電子交易系統

▲上圖說明：

❶ 價跌量增，繼續下跌。

❷ 反彈暴大量，主力出貨。
（觀察次日不漲得知）

❸ 價跌量增，繼續下跌。

❹ 末跌段價跌量增，接近落底。（觀察次日上漲得知）

▌5. 價跌量縮

　　在初跌段，出現價跌量縮情況，表示跌勢形成，不可隨意做多或任意猜底。在主跌段，價跌量縮，表示股價將繼續探底。在末跌段，量急縮形成凹洞型態，股價將落底或形成反轉。在盤整期，價跌量縮，要注意盤整末端是否向下跌破盤整區間，跌勢形成。

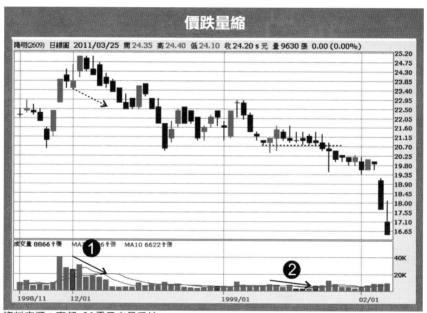

資料來源：富邦e01電子交易系統

▲上圖說明：

❶ 初跌段價跌量縮，不可隨意做多或任意猜底。

❷ 盤整量縮，末端向下跌破盤整區間，跌勢繼續。

▌6. 價跌量平

在初升段，出現價跌量平情況，後市不明，宜觀望。在初跌段，價跌量平，代表跌勢可能形成。在主跌段，價跌量平，代表散戶追賣，跌勢持續。

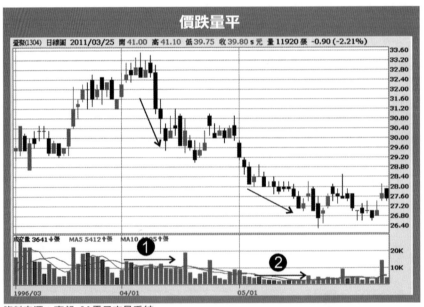
資料來源：富邦e01電子交易系統

▲上圖說明：

❶ 初跌段價跌量平，不可隨意做多或任意猜底。

❷ 主跌段價跌量平，跌勢繼續。

▌7. 價平量增

在初升段或主升段，出現價平量增情況，表示有人逢低承接，但不急於表態。在末升段中，價平量增，代表量大不漲，容易形成頭部，宜賣出。在初跌或主跌段中，價平量增，容易短期反彈。在盤整時期，價平量增，宜注意盤整末端方向表態再動作。

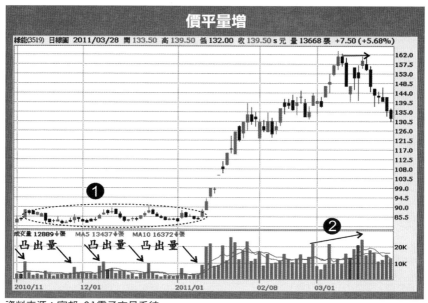

資料來源：富邦e01電子交易系統

▲上圖說明：

❶ 初升段價平量增，偶有凸出量，代表底部主力吸貨。

❷ 高檔末升段價平量增，容易形成頭部。

▋ 8. 價平量縮

在末升段中，價平量縮，代表量能萎縮，後續動能不足，容易形成頭部，密切觀察最後價格的變化。在末跌段中，價平量縮，代表賣壓減輕，價不再下跌，容易形成底部反轉。在行情行進中間的續勢盤整期，常見價平量縮的現象。

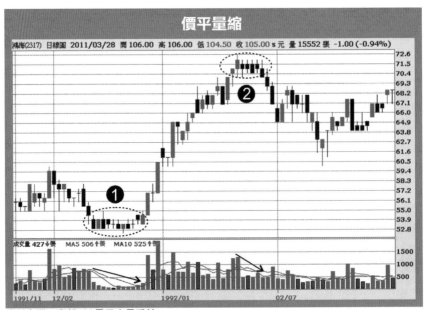

資料來源：富邦e01電子交易系統

▲上圖說明：

❶ 末跌段價平量縮，底部形成，日後放量即刻反轉。

❷ 高檔末升段價平量縮，動力不足，容易形成頭部。

▌9. 價平量平

行情起伏不大，量又沒有太大變化，此時多空不明，如無外力介入，有時會延續數月到數年之久，宜退出觀望，不必耗費時間及資金。

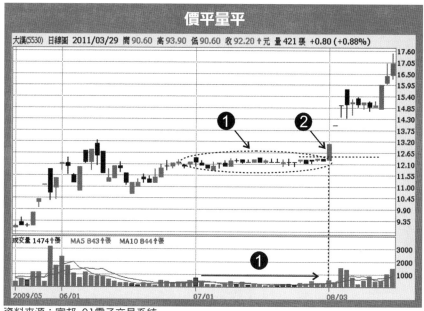

資料來源：富邦e01電子交易系統

▲上圖說明：

❶ 價平量平，約一個多月的盤整格局。

❷ 出量突破盤整時再買進，資金有效運用，容易在短時間內立即獲利。

不同階段成交量的變化及策略				
漲升階段	初升段	主升段	末升段	盤整區
成交量	偶有凸出量	量滾量	偶有凸出量＋暴大量	窒息量＋暴大量
成交量觀察	主力分批吃貨，量平走勢中不時出現一些凸出大量	價漲量持續增加，量滾量放大	均量略小於主升段，出現一些不規則的量	大量為短期高點，窒息量為短期低點，大量突破盤整，為波段起點
K線狀況及進出	帶有跳空缺口，K線陰陽交錯，盤整的位置即為布局點	K線為連續陽線，見黑K下跌後，再見暴量長紅K上漲時為買點	出現竭盡缺口，見暴量不漲就要賣出，	K線陰陽交錯，以盤整區間操作
回檔處置	逢窒息量介入	回檔到支撐區，上漲時再介入	跌破前一日最低點即退場	高出低進
下跌階段	初跌段	主跌段	末跌段	盤整區
成交量觀察	量能退潮，均量漸減	維持量平下跌，會偶爾大量下殺	帶量恐慌性下殺	出大量為盤整區短期高點，窒息量為短期低點，跌破盤整區為另一波段跌勢開始
K線狀況及進出	帶有向下跳空缺口，K線為連續黑K	K線為連續陰線，見紅K反彈後再見暴量下跌，為賣點	帶有缺口，K線為連續黑K，出現底部型態，才可進場做多	K線陰陽交錯，以盤整區間操作
反彈處置	逢大量出場	跌破前一日最低價就要出	見底部，做多	高空低補

第**3**章

掌握價量關係致勝心法 提升投資EQ

　　由於價量關係密切，因此成交量必須與走勢圖一起做分析，切記，千萬不可單獨憑成交量決定進出。

　　同時，觀察價量關係的變化，取決於4個基本因素，即成交量、股價漲跌、股價所處的位置，以及當時的趨勢是多頭、空頭還是盤整。

▌必學的9個價量關係致勝心法

　　價量關係絕非百分之百，一般中大型股比較依價量變化原則走，小型股成交量小，容易受人為控制影響，準確度不高。

　　想要運用價量關係得當，請注意以下9個致勝心法：

1. 勿在下跌量大時猜底買股票

如果下跌量大，代表恐懼心更大，情況會更壞，不要誤以為
買盤強大而隨便接股票，容易套牢。

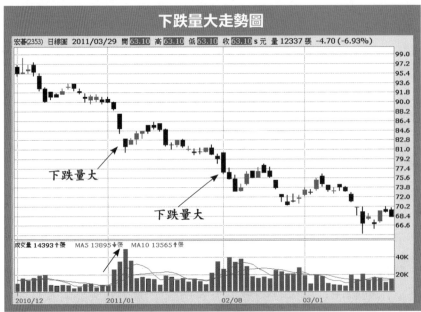

資料來源：富邦e01電子交易系統

2. 先看趨勢再看量

看圖要先確認趨勢方向,再配合成交量參考。

3. 高檔暴大量要小心

在高檔區或週線壓力區量大非好事,要特別小心,如果價不漲或下跌更要立刻處理,戒之在貪。

4. 初升段暴天量宜防後繼無力

初升段時需要價漲量增,但也不能暴出天量,否則會後繼無力,如果後面沒有更大的量推升,容易回檔。

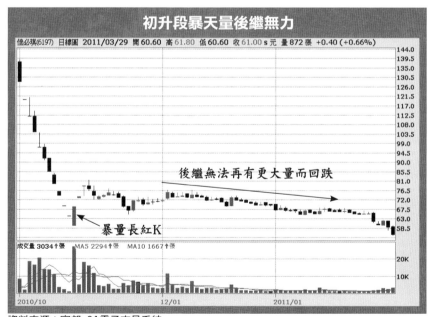

資料來源:富邦e01電子交易系統

5. 盤整無量請作壁上觀

盤整無量宜觀望，少做多看，等待末端走勢表態後再動作。

6. 價量背離須經一段時間確認

價量背離不只要看當日的價量，整個走勢的每一階段，都要比較價量的變化。

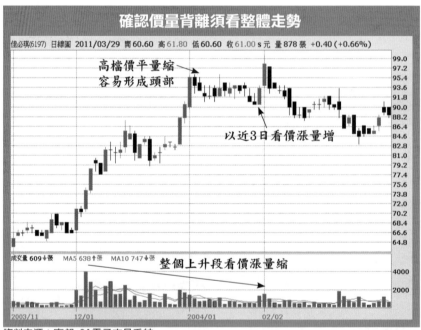

確認價量背離須看整體走勢

佳必琪(6197) 日線圖 2011/03/29 開 60.60 高 61.80 低 60.60 收 61.00 s 元 量 878 張 +0.40 (+0.66%)

高檔價平量縮
容易形成頭部

以近3日看價漲量增

成交量 609 ↓張 MA5 638 ↑張 MA10 747 ↓張

整個上升段看價漲量縮

資料來源：富邦e01電子交易系統

7. 大量往往是支撐或壓力所在

大量K線會造成支撐或壓力，大量紅K線表示當天交易量甚大，而且K線的二分之一價位【（最高價＋最低價）÷2】是當天交易人的平均成本，往後如股價上漲，在此處會形成支撐的位置。

如果股價跌破此處，代表當天有大量的交易人都賠錢套牢，形成解套的壓力。

大量黑K線的二分之一價位，同樣是當天交易人的平均成本，等於當天買的人都處於賠錢狀態，因此，日後當股價反彈到此一黑K線的二分之一價位之處，就會有解套的賣壓。

8. 出貨或換手要看股價續揚與否

一般來說，股票開始漲時要量增，後續才有支撐力道。當飆漲時，由於主力鎖住籌碼及一般投資人的惜售，會造成量縮價漲的現象；再往上漲一段後，如出現大量時，則要小心主力在高檔出貨。至於要如何判別是主力出貨還是大量換手，只要觀察後續幾天走勢：股價往上走，該大量即為換手量；要是股價不漲或下跌，八九成是主力出貨了。

即使你找到對的方向、賺錢的方法，你還是要全力以赴，才能維持長久。

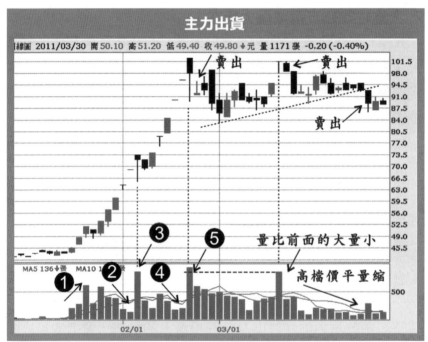

資料來源：富邦e01電子交易系統

▲上圖說明：

❶ 底部放量，主力進貨。

❷ 價漲量縮，主力鎖籌碼，散戶惜售。

❸ 大量換手繼續上攻，因為次二日收盤價高過大量K線最高價。

❹ 價漲量縮，主力鎖籌碼，散戶惜售。

❺ 高檔出大量，主力出貨，後面走勢無法再過大量K線最高點。

9. 注意轉折點的成交量

轉折點的成交量特別重要，會影響後面走勢強弱。

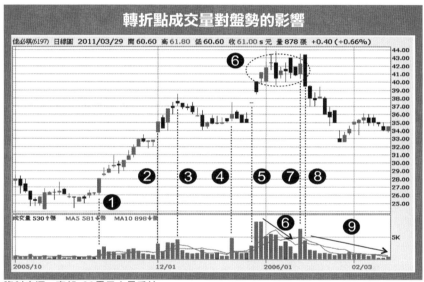

轉折點成交量對盤勢的影響

資料來源：富邦e01電子交易系統

▲上圖說明：

❶ 底部放量上攻。

❷ 中段放量跳空續攻。

❸ 高檔放量修正。

❹ 修正後上漲，遇頭壓大量拉回，留上影線。

❺ 放量跳空續攻。

❻ 高檔價平量縮，小心做頭。

❼ 暴大量遇頭壓拉回，留上影線，無法過前高，主力拉高出貨（次日下跌黑K確認）。

❽ 高檔長黑K破前9日最低點，下跌確認。

❾ 價跌量縮，空頭走勢。

第**5**篇

看圖選股
精進賺錢功力

本篇特別介紹看圖十字口訣，初學看
圖的讀者，依照順序分析圖形，自然
不會掛一漏萬，同時可以訓練自己看
圖的功力，愈來愈精進。大家都聽過
股市操作一定要設停損，本篇特別用
圖說明不同的操作方法該如何設定停
損停利，這在坊間一般股票分析書籍
甚少著墨。

本篇並根據作者數十年的實戰經驗，
配合圖例，詳細說明走勢圖中重要的
進出場訊號，讓讀者更易瞭解。訊號
圖形以週線為主，讀者可以掌握到大
波段的趨勢方向，獲取最大的波段利
潤，當然這些訊號也可以用在日線，
抓住短期進出場的賺錢機會。

第 1 章

熟悉看圖十字訣
綜合運用選好股

　　投資股票不會看股票走勢圖，就如同瞎子摸象，一知半解。對於股票會漲會跌，如果全憑猜測，當然不可能做出好的成績。雖然說技術分析不是萬能，但是不懂技術分析卻是萬萬不能，因為一支股票的走勢圖，就是這支股票的語言，從走勢圖中，可以看出它未來發展的方向，以及是否能夠獲利。

　　當我們看一檔股票走勢圖，要從哪裡著手，才能把圖看完全呢？前文我們已經介紹了波形波向、K線、移動平均線、價量關係等技術分析的四大金剛，圖形會說話，想要聽懂圖形語言，完整分析研判後市，你要懂得綜合運用這四大金剛的精髓。

▌看圖的十字口訣

　　記住以下的十字口訣，按照口訣的順序去檢查研判，任何走勢圖也難逃你的法眼，圖中隱藏的秘密，必將逐一現形。

> **十字口訣：波、型、位、均、量、強、切、撐、壓、背**

▌波▶ 波浪型態 → 確認股票走勢

面對股票走勢圖，第一步看波浪型態。看清楚當下是在走上漲、下跌，還是橫向盤整，只有在確定股票走勢方向之後，才能考慮要買還是賣，或保持空手。切記！波浪型態讓我們做對方向。

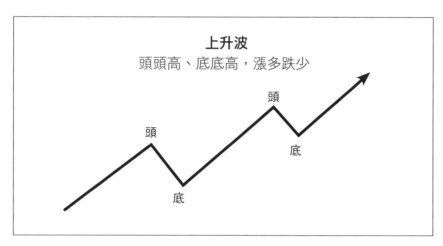

上升波
頭頭高、底底高，漲多跌少
頭
底
頭
底

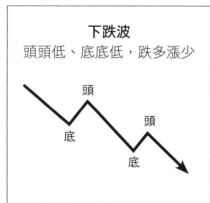

下跌波
頭頭低、底底低，跌多漲少
頭
底
頭
底

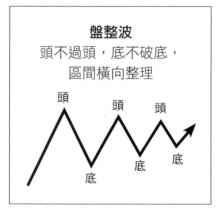

盤整波
頭不過頭，底不破底，
區間橫向整理
頭
頭
頭
底
底
底

▌型▶型態 → 看未來賺錢機會

第二步看型態，型態是指股價在盤整時期所形成的圖形，例如走出W形、M形，收斂三角形、矩形等等，又可分為1. 反轉型態：底部型態及頭部型態，2. 續勢型態：循原來方向上漲或下跌。在這些盤整型態結束之後，可以看出未來的發展方向，以及可能到達的目標價。這些雖然是以往發生的統計歸納數值，但是仍然有一定的準確度。

當下走勢圖如果正處於盤整狀態，除了看是什麼型態之外，還要研判是在底部或是頭部的反轉，還是行進中的盤整，盤整完成後是否繼續原來的方向前進或是反轉。

股價循環圖

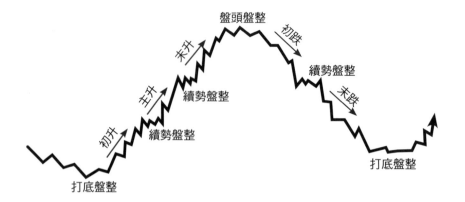

各階段的型態名稱

以下是經常出現的一些型態，我分類整理在本書的附錄，讀者可以隨時翻閱，對照自己正在分析的線圖，看久了自然能夠熟悉。

打底：	盤頭：	續勢盤整：
● 頭肩底	● 頭肩頂	● 箱形
● 複式頭肩底	● 複式頭肩頂	● 旗形
● 雙重底	● 雙重頂	● 三角形
● 三重底	● 三重頂	● 喇叭形
● 菱形底	● 菱形頂	● 楔形
● 圓弧底	● 圓弧頂	● 圓弧頂
● 下降楔型	● 上升楔型	● 直角三角形
● 一字底	● 倒V型頂	
● V 型底		

▌位 ▶ 位置 → 關係到進場風險

第三步看當下股價所處的位置，是位於剛剛起漲的底部區（山谷），還是上漲中的腰部區（山腰），還是已經漲了一大段的高檔區（山頂），這關係到你進場的風險，更關係到你可能的獲利空間。

▌均▶均線 → 研判多空及掌握盤整時間

　　第四步看均線的走勢及排列的狀況，是均線上揚、均線下彎？均線多頭排列、均線空頭排列？還是均線交叉、均線糾結？同時，用均線可以看出支撐及壓力位置，股價與均線上下位置的情形，能夠研判目前是多頭還是空頭。

　　由於均線的變化，能夠透露很多的訊息，看清均線，能讓你對股價的漲跌一清二楚，更重要的是，由多條均線的分分合合，可以掌握盤整的時間因素。

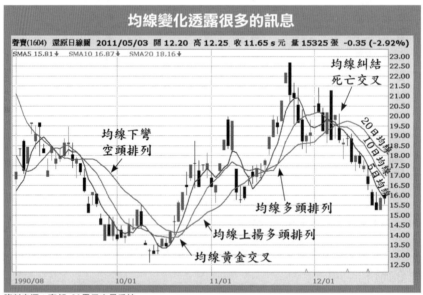

資料來源：富邦e01電子交易系統

▌量▶成交量 → 確認頭部、底部及方向變化

第五步看當下成交量，成交量與股價關係密切，股市每天交易不外乎價與量。而且，價與量是最先反應市場對多空的看法，正常情形應該價漲量增、價跌量縮，但是，在底部、行進中、頭部發現價量產生不正常的變化，當然會有特殊的意義。

1. 底部量

股價到底時，往往交易清淡，成交量極度萎縮，此時如出現放量，當然代表有人進場買進。如果價格止穩，成交量漸漸放大，應該就是底部了。

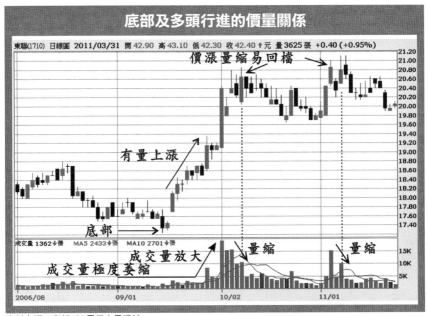

底部及多頭行進的價量關係

資料來源：富邦e01電子交易系統

2. 行進量

股價確認多頭行進，價量的配合正常為上漲量增、下跌量縮，如果出現價漲量縮的現象，就要注意是因飆漲惜售？還是因動能不足可能會回檔？至於在下跌波確認後，空頭行進時，價量往往不按一定的規律，還是等到量縮價穩後，再看當時的情形定奪。

3. 頭部量

股價經過一段漲勢後，出現量縮價平、量大價不漲、價量明顯背離或量大價跌的現象，就要隨時準備離場，空手更不能追高，否則極易套牢。

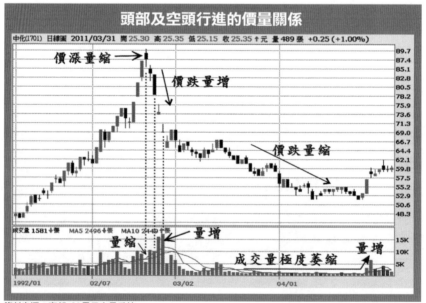

資料來源：富邦e01電子交易系統

▌強▶強度 → 看多空氣勢強弱

分析股票走勢圖的第六步,包括看:1.強度(比大盤、比同類),2.速度(一定時間漲跌幅度),3.斜率(上升或下跌角度)。

1. 趨勢線角度與支撐、壓力的關係

上升趨勢線上升的角度愈大,支撐的力量愈大;下降趨勢線下降的角度愈大,壓力的作用愈大。

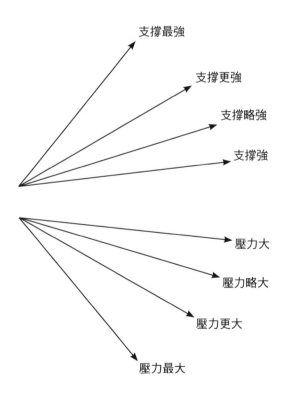

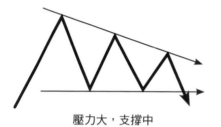

壓力大,支撐中

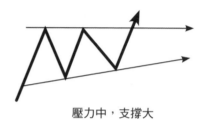

壓力中,支撐大

壓力小,支撐中

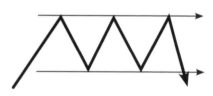

壓力中,支撐中

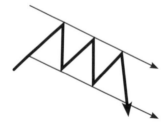

壓力大,支撐小

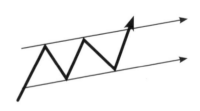

壓力小,支撐大

2. 回檔幅度與趨勢強弱關係

上升趨勢的回檔幅度愈小，上升趨勢愈強；回跌幅度愈大，上升趨勢愈弱。

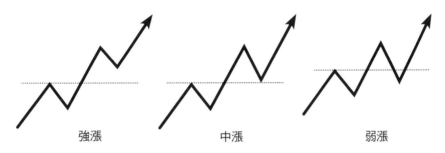

強漲　　　　　　　中漲　　　　　　　弱漲

3. 反彈幅度與趨勢強弱關係

下降趨勢的反彈幅度愈小，下跌趨勢愈強；反彈幅度愈大，下跌趨勢愈弱。

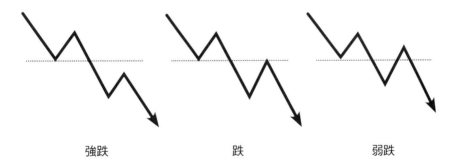

強跌　　　　　　　跌　　　　　　　弱跌

▌切▶切線 → 最先反應股價趨勢的改變

　　第七步則要看切線，也就是上升切線（上升趨勢線）、下降切線（下跌趨勢線）、破切線（跌破或突破切線）。

　　切線具有支撐或壓力的作用，切線的方向即為趨勢方向，因此切線又稱趨勢線。上漲時，股價最低兩個轉折點的連線，稱為上升切線。下跌時，股價最高兩個轉折點的連線，稱為下降切線。盤整時的上下切線，又稱為上下頸線。

　　切線最先反應股價趨勢的改變。當上升時股價跌破上升切線，下跌時股價突破下降切線，盤整時往上突破或往下跌破頸線，都是走勢要改變的訊號。

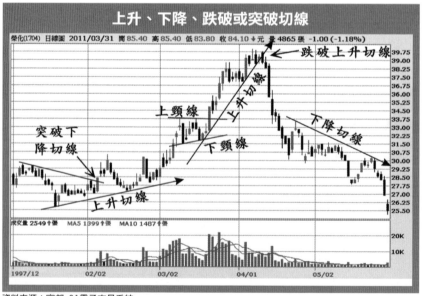

資料來源：富邦e01電子交易系統

▌撐▶支撐 → 可能繼續盤整或止跌回升

第八步，在股價走勢圖中，當股價跌到底、頭、上升切線邊、密集區間、下頸線、下面均線上揚、向上跳空缺口、大量紅K等這些支撐的位置，可能會產生支撐、產生止跌及盤整現象或止跌回升的效應。當下跌波走強勢空頭時，往往見撐不是撐。

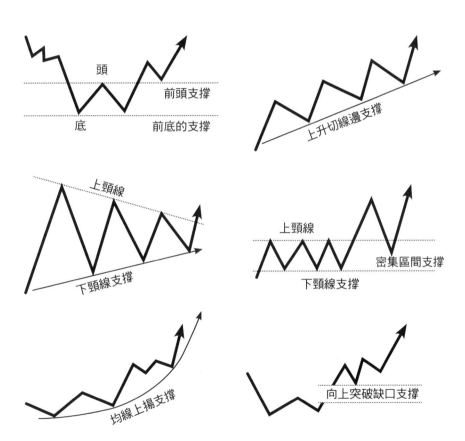

▌壓▶壓力 → 可能繼續盤整或止漲回跌

　　第九步，在股票走勢圖中，當股價漲到底、頭、下降切線邊、密集區間、上頸線、上面均線下彎、向下跳空缺口、大量黑K等這些壓力的位置，可能會遇壓力產生止漲的盤整或止漲回跌的效應。當上升波走強勢多頭時，往往見壓不是壓。

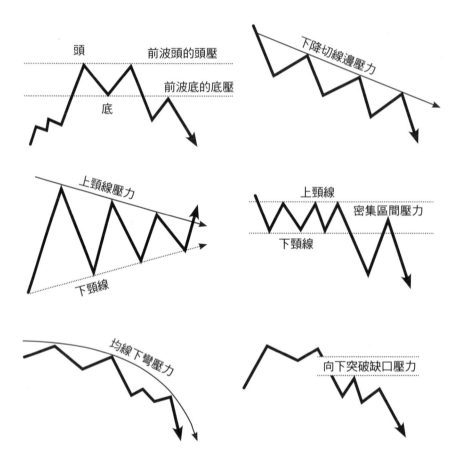

▌背▶背離→預告即將出現轉折

第十步,當成交價的走勢與量的增減出現背道而馳,或與指標(KD、RSI)的走勢出現不同方向時,稱為背離。出現背離,並不表示立刻會產生方向的變化,但是已經提前預告即將出現轉折,因此,出現背離不可等閒視之,尤其是當股價來到低檔或是高檔的位置時。

底部盤整區指標的背離重於價量的背離,頭部區價量的背離重於指標的背離。

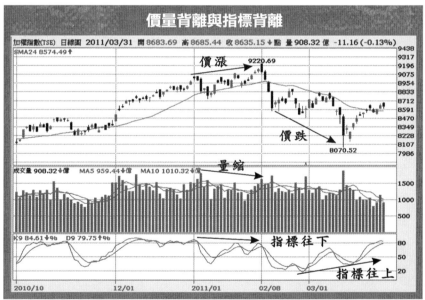

資料來源:富邦e01電子交易系統

 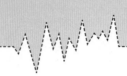

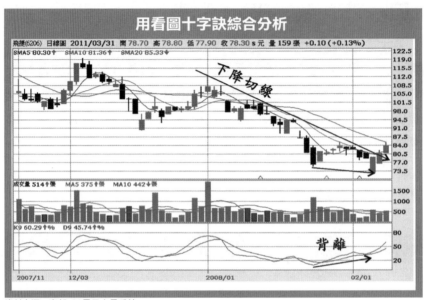

資料來源：富邦e01電子交易系統

▲上圖說明：

1. 波：為下跌波。

2. 型：無明顯型態。

3. 位：位於低檔。

4. 均：5日均線、10日均線黃金交叉向上，20日均線向下。

5. 量：在低檔放量上漲。

6. 強：突破前波高點強勢反彈。

7. 切：突破下降切線。

8. 撐、壓：接近前面頭部高點及遇20日均線壓力。

9. 背：KD指標在低檔出現背離。

10. 策略：(1) 在84元處試單做多，K線最低點81元停損，前面
　　　　　　頭部高點106元停利。

　　　　(2) 站上月線3日不破，放量上攻再做加碼。

　　以上的看圖十字口訣，提供初學技術分析的人練習看圖的順
序，以免掛一漏萬。熟能生巧，只要假以時日持續練習，對走
勢圖的觀察功力自然會大增。

第2章

謹遵停損停利紀律
持盈保泰賺不完

　　「婚姻是墳墓，但很多人仍在追逐；股市是地獄，但很多人仍在投入；是天堂還是地獄？端看你怎麼做！」而懂得停損停利，是操作股票的重要議題，也是避險及獲利的關鍵。

▌想成為長期贏家　先學會賠錢

　　任何交易，停損是絕對的重要。尤其股票交易，停損是控制風險的必要手段，無法執行停損，將會造成巨大的損失，因此，該如何設定停損點及執行停損，實為每一個交易者的首要課題。

　　股市操作不可能百分之百準確，即使是股神巴菲特，在全球金融風暴中，他的波克夏公司一樣虧損17億美元。因此，散戶投資股市的第一個基本功夫就是要認知：股票市場是個高風險的市場，想要在市場中成為長期贏家，要先學會賠錢。

　　換句話說，投資股市要先學會控制風險。當自己進場後，如果市場不是你所預期的方向，就必須立刻「停損」控制風險，認賠出場。

　　為什麼要設「停損」？各位想一想，如果你用100元買進一張股票做多，不去設停損價，因為種種原因下跌到20元（2008年520崩跌，很多股票都跌掉8成），那麼，想要回本，必須要股價由20元漲5倍才行，請問！這容不容易？

　　如果你一開始進場就設好「停損」，例如10%，當下跌到 90元時立刻出脫，你保有90元的現金，等待好的機會，選擇好的股票（不一定是原來賠錢的那支股票），用90元去賺回10元（約11%），是否容易多了？

▌懂得停損自保 才能留得青山在

　　停損就是停止損失，讓損失到此為止，從市場取回主動權。股票市場在你沒有進場前，你是老大，錢在你手上，要不要買，主動權在你，一旦進場，市場才是老大，是漲是跌，市場決定，由不得你。

　　因此，當市場的走勢方向不是你所預判的，唯一自保的方法只有停損一途，退出市場，拿回資金，「留得青山在，不怕沒柴燒」。

　　一般散戶投資人特別要注意，千萬不能不停損，反而採取向下買進攤平、或者套牢就長抱的方法，因為，股市下跌的威力既快且猛，有時深不可測，還是不要冒險，遇到一次，可能萬劫不復。切記！切記！

　　至於停損功能有二：1. 控制風險，及早脫離不可預測的危險。2. 保留資金，保存反敗為勝的本錢。

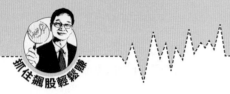
▌設定停損前必須遵守的6點重要原則

在談如何設「停損」之前，你一定要遵守以下6點原則，否則即使設定停損，也毫無意義：

1. 停損要在擬定進場策略時就先設好：也就是當你預備買一支股票時，除了設定要買的價位外，同時也要設好如果決定錯誤時認賠出場的價位，即「停損點」。
2. 設好的停損點不得更改，否則等於沒有設停損。
3. 當天收盤價如果做多跌破（或者放空突破）停損價位，要立即出場，必須絕對遵守，要有壯士斷腕的決心及執行力。
4. 為了減少停損次數，以順勢交易（多頭時做多，不去做空；空頭時做空，不去做多。）為主。
5. 如果在多頭走勢時去放空股票，或者下跌走勢時去做多的逆勢交易時，不對就必須立刻出場，不可拘泥在停損價位。
6. 任何的停損都不能超過成本價的10%。

▌運用策略停損 讓你高枕無憂

停損的種類可分為策略停損及絕對停損。所謂的「策略停損」是指交易者根據自定的交易規則所定的停損，以下提供5種策略停損的做法：

1. K線戰法的停損

做多時,以進場當天K線的最低點為停損點;做空時,以進場當天K線的最高點為停損點。

K線戰法的停損

加捷(4109) 日線圖 2011/04/01 開 36.50 高 37.25 低 34.80 收 35.20 s 元 量 4786 張 -1.05 (-2.90%)

資料來源:富邦e01電子交易系統

▲上圖說明:

❶ 當日收盤價比前一日收盤價高,在16.6元買進做多,停損點設在進場當天K線的最低點15.8元。

❷ 當日收盤價比前一日收盤價低,在21.5元做空,停損點設在進場當天K線的最高點22.95元。

❸ 如果當日K線的上下幅度超過10%,可以當日高低價價差二分之一設為停損。

2. 波浪型態戰法的停損

做多時,底部底底高、回跌後上漲再買,停損設在波浪轉折的低點;在續勢型態中,突破買上漲,停損設在突破點。做空時,頭部頭頭低、反彈後下跌再放空,停損設在波浪轉折的高點;在續勢型態中,跌破空下跌,停損設在跌破點。

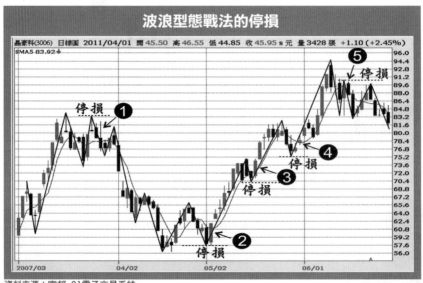

資料來源:富邦e01電子交易系統

▲上圖說明:

❶ 在高檔出現頭頭低局面,跌破5日均線,做空,停損設在轉折波高點83.4元。

❷ 在底部出現底底高,做多,停損設在轉折波低點57.5元。

❸ 回跌後上漲再買,停損設在轉折波低點70.3元。

❹ 回跌後上漲再買，停損設在轉折波低點75.3元。

❺ 在高檔出現頭頭低局面，跌破5日均線，做空，停損設在轉折
波高點90.5元。

3. 均線操作法

以進出依據的均線設停損，例如股價走多頭，站上5日均線買
進，停損設在當日5日均價。

4. 比例法

以買進價的2～10%為停損點，依據個人的風險容忍度決定，
華爾街操盤高手絕對不容許超過10%的損失。

5. 撐壓法

(1) 以盤整區的最低（最高）點為停損點。

(2) 取重要壓力區、支撐區、破切點等為停損點。

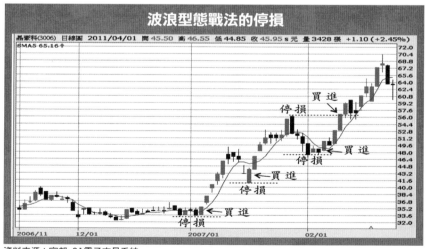

資料來源：富邦e01電子交易系統

▌判斷錯誤 一定要進行「絕對停損」

　　另一種停損做法是絕對停損，所謂的「絕對停損」是指交易者明顯判斷錯誤，絕對要停損的位置點，否則極易在未來造成重大的損失。以下提供4種絕對停損的位置：

1. 在盤整區布局多單，股價跌破盤整區，絕對要停損。

2. 當高檔型態反轉確認，手中多單絕對要停損。

3. 當股價跌幅超過10%，要絕對停損，不可再拗單。

4. 下逆勢單時，盤勢出現反轉，要立刻停損。

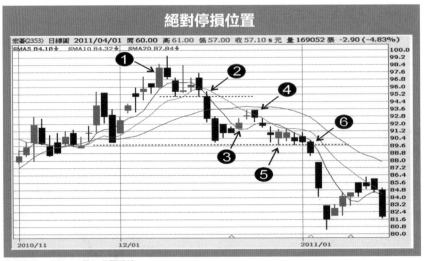

資料來源：富邦e01電子交易系統

上圖說明：

❶ 買進。　　　　❸ 逆勢做多　　　　❺ 認為前底有支撐買進。

❷ 為絕對停損點。　❹ 為絕對停損點。　❻ 為絕對停損點。

▎彈性改變停損策略的**3**點原則

　　設立停損點一定要遵守的基本原則是，計畫買進股票的價位時，應該設定好停損價，當股價達到停損時，應果斷執行。不過，計畫有時趕不上變化，因此，以下提供3個可以改變停損策略的原則，作為參考依據。

1. 當波浪型態改變，雖然尚未達到停損，可依當時整體狀況提早出場。
2. 當進場獲利達7%以上，離停損點漸遠，此時應放棄原有的停損，改為設定停利的位置點。
3. 逆勢交易時，無所謂固定停損點，做多時當K線翻黑，或做空時當K線翻紅，都要立刻停損。

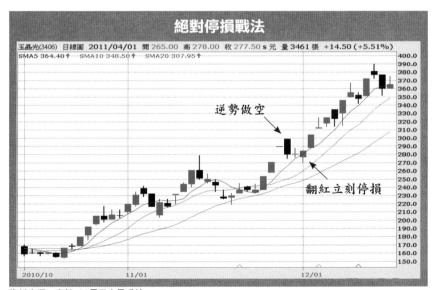

絕對停損戰法

玉晶光(3406) 日線圖 2011/04/01 開 265.00 高 278.00 收 277.50 s 元 量 3461 張 +14.50 (+5.51%)
SMA5 364.40↑ SMA10 348.50↑ SMA20 307.95↑

逆勢做空

翻紅立刻停損

資料來源：富邦e01電子交易系統

▌學會停利的8點原則 落袋為安

　　股市中常聽説：「會買只是徒弟，會賣才是師父。」，股票賣掉換成鈔票，才算真正獲利入袋，否則僅是帳面財富。停利，除了獲利入袋之外，其實也是在避開風險，正所謂「不該貪婪的時候，不可貪婪」，否則往往會把原先賺到的吐回去，弄不好還倒賠，白忙一場，得不償失。以下提供停利的8點原則供大家參考：

1. 停利的設定及執行，與個人操作週期有密切關連，不同的操作方法，停利位置大大不同。

2. 波段操作的人，以波段紀律停利，例如沿月線操作，自然在跌破月線時停利。

3. 當沖操作的人，停利自然在自己設定的目標達到時出場，每次獲利約2～4%就出場。

4. 用長期均線定方向，短期均線定進出，則以跌破短期均線時停利出場。

5. 做多，以遇壓力不漲時停利；做空，以遇支撐不跌時停利。

6. 當遇飆股急漲、乖離過大時，在K線出現出場訊號時立刻停利，以保獲利。

7. 除了做當沖之外，一般在獲利超過7%時，都要做停利的打算；當獲利超過10%時，可以採取每次最高點出現，回跌2～3%時停利出場的策略。

8. 停利跟停損一樣，都要有果斷的執行力。

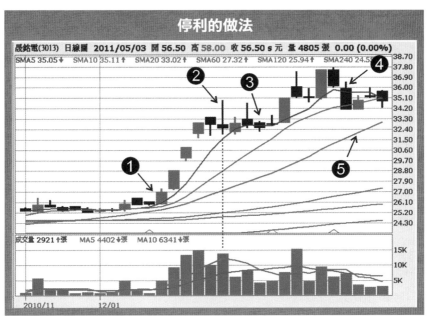

資料來源：富邦e01電子交易系統

▲上圖說明：

❶ 買進。

❷ 獲利達22%，K線出現出場訊號，停利出場。

❸ 以5日均線操作，跌破5日均線，停利出場。

❹ 以10日均線操作，跌破10日均線，停利出場。

❺ 以月線波段操作者尚未出場。

第**3**章

看圖掌握波段賺錢訊號
大贏小賠非夢事

　　股票操作有短線操作及長線波段操作，短線操作要能看盤，而且技術分析及心性修為都需要更高的境界，否則盤中變化快速，難以應付。想要賺大賠小，輕鬆應對的方法仍以波段操作為最佳選擇，波段操作的選股則應用週線的波浪型態做分析，才能掌握到大的波段。

　　我根據多年的實戰經驗，將週線進行最佳波段選股的關鍵多空進出位置，所產生的圖上訊號整理在本章中，讀者可從這些訊號掌握波段賺錢的機會。但是在此先要特別交代，雖然用週線找機會，實際進出場操作則是在日線走勢中，按照紀律切入或退出，同時設好停損，嚴守操作紀律，要在股市中賺錢，實非難事。

▋想以波段致勝　先遵守4項規範

1. 使用相關規則時，要先瞭解當下行情走勢的方向（上升、下跌、盤整）及位置（底價區、中段整理、天價區）。
2. 依據任何訊號進場都須設妥停損，嚴守紀律，縮小損失，擴

第5篇

第3章 ▶▶▶ 看圖掌握波段賺錢訊號 大贏小賠非夢事

大利潤。

3. 反市場心理思考，在市場極度悲觀時進場、市場極度樂觀時出場，大機會來臨時，勇敢進場操作。

4. 多空訊號以中波段操作為主（週線），如同時有多項訊號出現，愈能增加正確性，成功機率愈高。

▌圖解波段買進的13種訊號（週線圖）

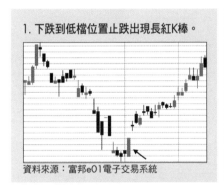

1. 下跌到低檔位置止跌出現長紅K棒。

資料來源：富邦e01電子交易系統

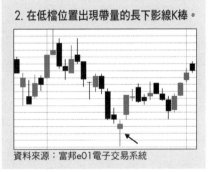

2. 在低檔位置出現帶量的長下影線K棒。

資料來源：富邦e01電子交易系統

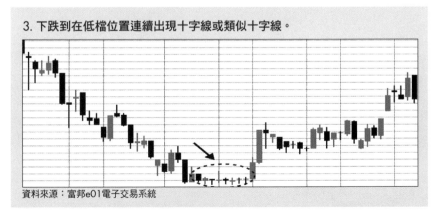

3. 下跌到在低檔位置連續出現十字線或類似十字線。

資料來源：富邦e01電子交易系統

4. 下跌到低檔位置出現連續三條小紅棒或底底高的小紅黑棒時。

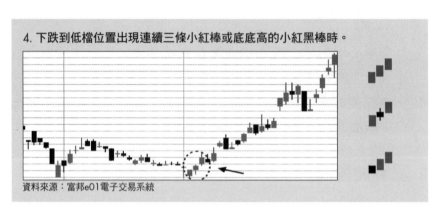

資料來源：富邦e01電子交易系統

5. 下跌到低檔位置出現底底高的上升走勢。

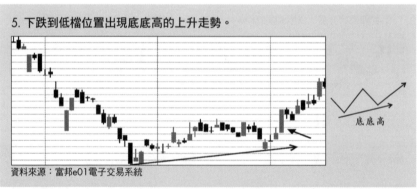

資料來源：富邦e01電子交易系統

6. 下跌到低檔位置出現W型態的走勢時。

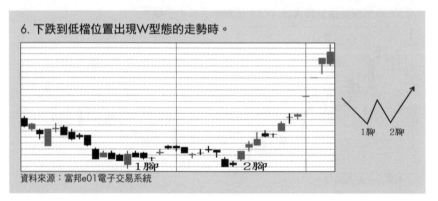

資料來源：富邦e01電子交易系統

7. 下跌到低檔位置出現股價連續橫向走勢後，出現前述1～6個的任何一個買進訊號。

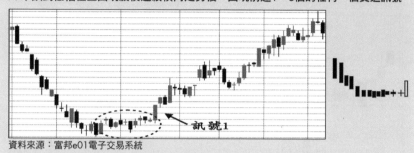

訊號1

資料來源：富邦e01電子交易系統

8. 股價暴跌之後，股價出現2、3次略同的最低價，加上一個買進訊號時。

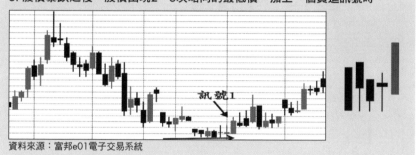

訊號1

資料來源：富邦e01電子交易系統

9. 股價突破下降趨勢線後出現買進訊號。

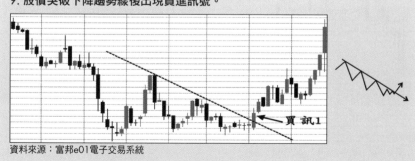

買 訊1

資料來源：富邦e01電子交易系統

10. 股價從最高價下跌，連創8、9次新低價之後，出現買進訊號時。

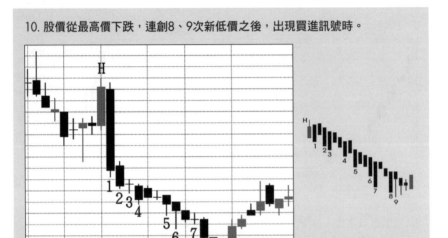

資料來源：富邦e01電子交易系統

11. 股價從最高點下跌，經ABC三波段下跌，然後出現買進訊號。

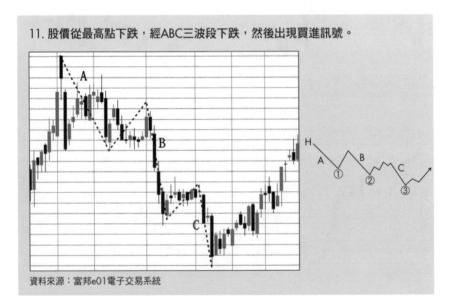

資料來源：富邦e01電子交易系統

12. 股價下跌到低檔位置開始上升，經過一波上漲之後，進入盤整，形成整理型態，在型態的末端突破整理型態時。

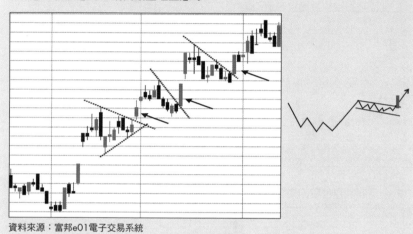

資料來源：富邦e01電子交易系統

13. 股價下跌到重要支撐區，開始上升過前波最高點後拉回，不再破前波最低點，出現買進訊號。

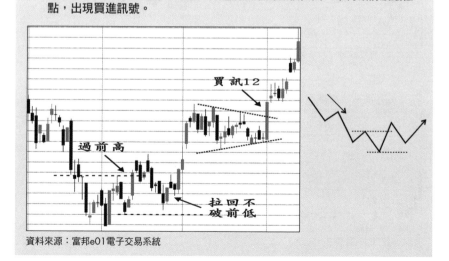

資料來源：富邦e01電子交易系統

273

▌圖解波段賣出的13種訊號（週線圖）

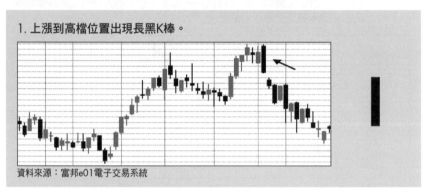

1. 上漲到高檔位置出現長黑K棒。

資料來源：富邦e01電子交易系統

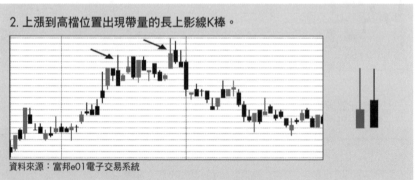

2. 上漲到高檔位置出現帶量的長上影線K棒。

資料來源：富邦e01電子交易系統

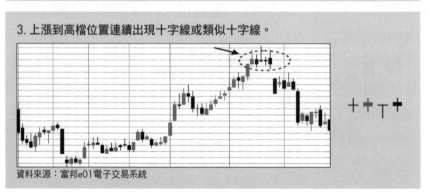

3. 上漲到高檔位置連續出現十字線或類似十字線。

資料來源：富邦e01電子交易系統

4. 上漲到高檔位置出現連續三條小黑棒或頭頭低的小紅黑棒時。

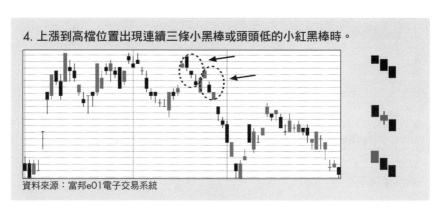

資料來源：富邦e01電子交易系統

5. 上漲到高檔位置出現頭頭低的下跌走勢。

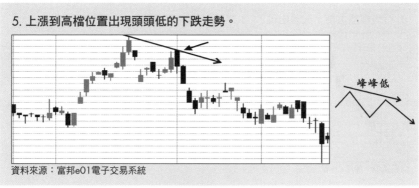

資料來源：富邦e01電子交易系統

6. 上漲到高檔位置出現M型態的走勢時。

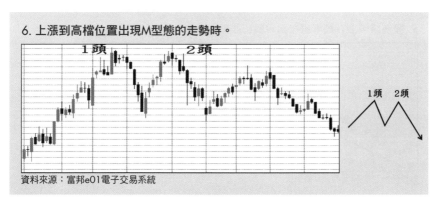

資料來源：富邦e01電子交易系統

7. 上漲到高檔位置出現股價連續橫向走勢後，出現上述1～6個的任一賣出訊號。

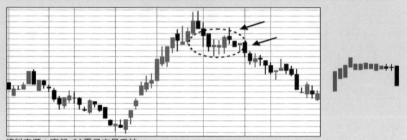

資料來源：富邦e01電子交易系統

8. 股價飆漲之後，股價出現2、3次平頭最高價，加上一個賣出訊號時。

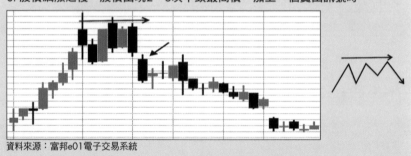

資料來源：富邦e01電子交易系統

9. 股價跌破上升趨勢線後出現賣出訊號。

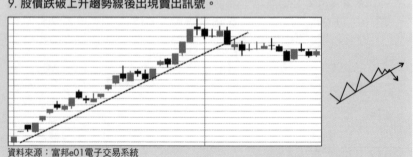

資料來源：富邦e01電子交易系統

10. 股價從最低價上漲，連創8、9次新高價之後，出現賣出訊號時。

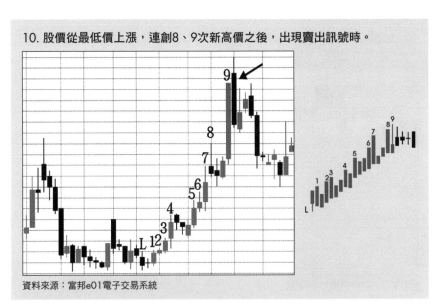

資料來源：富邦e01電子交易系統

11. 股價從最低點上漲，經過三波段上漲後，出現賣出訊號。

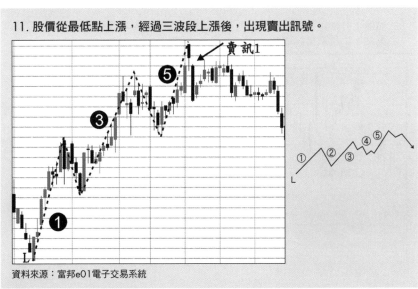

資料來源：富邦e01電子交易系統

12. 上漲到高檔位置開始下跌,經過一波下跌之後,進入盤整,形成整理型態,
在型態的末端跌破整理型態時。

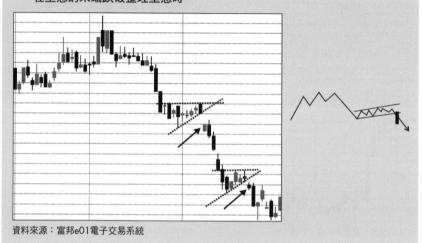

資料來源:富邦e01電子交易系統

13. 股價上升到重要壓力區,開始下跌,跌破前波低點後反彈,反彈無法過前波
高點,出現賣出訊號時。

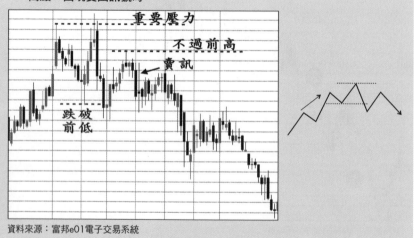

資料來源:富邦e01電子交易系統

278

▍用週線波段操作的買賣訊號圖例

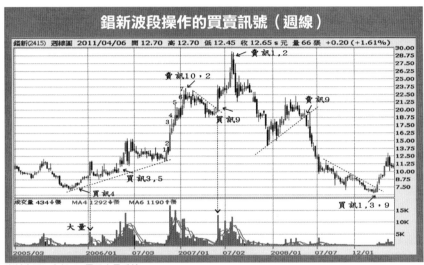

錩新波段操作的買賣訊號（週線）

資料來源：富邦e01電子交易系統

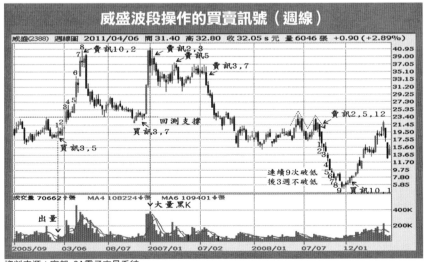

威盛波段操作的買賣訊號（週線）

資料來源：富邦e01電子交易系統

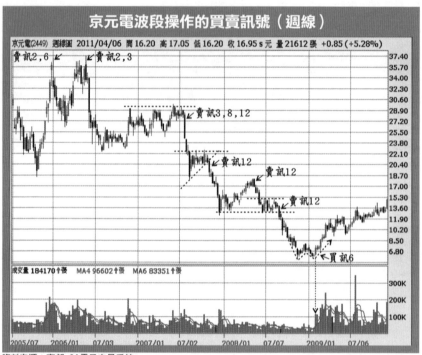

京元電波段操作的買賣訊號（週線）

資料來源：富邦e01電子交易系統

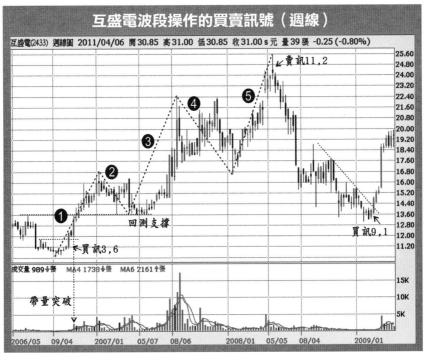

互盛電波段操作的買賣訊號（週線）

資料來源：富邦e01電子交易系統

第6篇

投資心法
戰勝自己才能戰勝股市

操盤最後能否學以致用,還是在個人心性的修持,本章特別提出4大投資心經、操作5大心法,以及面對各種盤勢應採取的策略,做出說明。

對付市場的變化,最好的方法就是「設定目標管理」的策略,有計畫的去執行,不受人性貪婪及恐懼的影響,以正確的方法去訂定操作方法,自然能克服情緒的影響,練就長期贏家的功力。

第1章

運用操盤5心法戰勝自己
股海安穩行

股市如同人生道場，一切善惡本乎一心而已；看透股市百態，洞徹轉承起折，萬變不離其宗。

天地萬物，皆由「陰」「陽」而四象，四象而八卦，連續推演成就大千世界。股市則由「買」跟「賣」兩方推演出無窮的變化。

股市普羅大眾，每日沈浮大千股海之中，終日追逐消息面、基本面、技術面、政治面、籌碼面，到頭來，在股市中賺些微利而仍不可得，甚有勞碌終日而賠上老本，究其因由，一切皆因只往外求，忽略根本皆因「心」起，自己的心態、心法、心性，才是成敗的根源。

▌謹記股市4大投資心經

正確的交易心態，決定方向的正確與否，否則學得愈多，牽絆愈多。股市心法，旨在幫助大家建立正確觀念，建立操作信心，以平常心看待股市，一如春夏秋冬四季運行交替，當你能夠「定心」、「定性」，看到未來，「專心」、「一意」顧好

當下，自然能在股海安穩行得百年船。以下提供股市4大投資心經作為參考：

1. 投資之道

從事股票投資這條道路，要往正確的方向，找到正確的方法，做正確的事，才能到達彼岸，見到如來。

2. 趨勢為師

大盤的趨勢方向，就是引領我們前進的明燈；大盤的變化，就是淬鍊我們的導師，天大地大，趨勢最大；謙卑恭謹，跟隨趨勢。

3. 順勢而為

借力使力，順水推舟，事半而功倍。順天應勢，得道者富，如反手折花。

4. 堅守紀律

股市狡詐，千變萬化，迷惑股海眾生，人心善變，恐懼貪婪無法自持，惟有定法堅守，以不變之法，照股市眾妖，定法依法，去雜亂之思，歸萬念於一，此定心矣！

▌操盤宜用5心法：學、用、敢、狠、續

要想成為專業股票操盤手，在心性上要經過「學、用、敢、狠、續」5個階段的試煉，由學習開始，再經過股市實際的操作吸取經驗，培養進出場的膽識，如此才可能成為長期贏家。

學▶學習技術分析，要學會、學通；學習正確觀念，要學對、學透；學習操作方法，要適用簡單；學習謙卑平穩面對市

場，要自信、自然。

用▶不要紙上談兵，要學以致用，進入市場實際操作體驗。學用合體，檢討印證，修正精進，勇於面對市場，建立自己的操作模式，建立信心。

敢▶機會出現要敢於進場，不要顧慮太多，要知道，機會稍縱即逝，只要設好停損，控制風險，嚴格遵守紀律停損，才能抓住獲利機會，成為股市贏家。

狠▶執行停損停利要狠，停損要有壯士斷腕的決心，停利一樣要當機立斷，停損才能避免大賠，停利才能獲利入袋。

續▶持續複製賺錢的操作模式，長久穩健經營股市事業。

留得青山在，不怕沒柴燒。股市中現金為王，留得現金在，不怕沒機會。

第**2**章

精通大賺小賠密技 換個贏家腦袋

　　進入股票市場操作，只會產生大賺、大賠、小賺、小賠等4種結果，要在股市成為巨富，必須做到大賺小賠，避免小賺大賠。一般投資人在股票市場操作，大多數遇到行情開始下跌的第一時間，沒有即時處理，因此造成大賠，即使平常時間是小賺小賠，也都賠多賺少，造成累積性的大損失。想要扭轉這種劣勢，成為股市贏家一族，一定要在操作觀念上改變，否則學再多的技術分析，也不容易賺錢，何況要賺大錢。

▌**7**種賺大賠小的操作心法及做法

　　股票市場走勢分為漲勢、跌勢、盤整等3個狀況。首先要清楚的知道，目前操作的商品是處於哪種走勢、相對位置的高低。在不同的走勢中，採取不同的操作認知，配合應有的操作紀律，實務上多加練習，自然就能體悟賺大錢的道理了。

1. 面對漲勢時的心法與做法

心法 不猜測高點

　股票上漲形成趨勢後，大多會有一段漲幅，要賺到大的波段，在心態上就先不要去猜測高點會到哪裏，而是應由市場的發展去決定。超漲，我們就超賺；漲幅不如預期，就賺到不如預期的漲幅。

做法 漲到多頭波浪型態改變為止

　當多頭走勢確認，只要維持多頭特性，就不要自己預判多頭結束，而是應在圖形走勢圖上出現波浪型態改變的訊號後才去認定。以下提供5個多頭波浪型態改變的認定原則：

　① 當上漲走勢出現頭頭低，改變多頭「頭頭高」的慣性。

　② 跌破上升趨勢線，初步出現上升趨勢，可能產生變化。

　③ 出現跌破前波最低點，方向改變。

　④ 出現短期均線下彎的死亡交叉現象，即5日均線開始下彎，再跌破10日均線，代表短期多頭方向要改變。

　⑤ 短中長期均線出現空頭排列。

大賺小賠除了以上心法及做法之外，在選股方向及介入時機，一定要秉持以下3大重點：

1. 有主流：新產業，新技術，獨占性，有轉機，主流股。
2. 有方向：多頭或空頭趨勢明朗。
3. 有發動：方向明確，開始發動後介入。

2. 面對跌勢時的心法與做法

心法 不猜測低點

股票下跌形成趨勢之後，大多會有一段跌幅，要賺到大的放空波段，在心態上就先不要去猜測低點，而是由市場的發展去決定。超跌，我們就超賺；跌幅不如預期，就賺到不如預期的跌幅。

做法 跌到空頭波浪型態改變為止

當空頭走勢確認，只要維持空頭特性，就不要自己預判空頭結束，而是應在圖形走勢圖上出現波浪型態改變的訊號後再去認定。以下提供5個空頭波浪型態改變的認定原則：

① 當下跌走勢出現底底高，改變空頭底底低的慣性。

② 突破下降趨勢線，初步出現下跌趨勢，可能產生變化。

③ 出現突破前波高點，方向改變。

④ 出現短期均線上揚的黃金交叉現象，即5日均線開始上揚，再突破10日均線，代表短期空頭方向要改變。

⑤ 短中長期均線出現多頭排列。

3. 面對盤整時的心法與做法

心法 戒急用忍

盤整期間，股價忽上忽下，這個期間很難賺大錢，反而容易積小損成大損，積小傷成大傷。

做法 ① 退出市場觀望，等多頭或空頭確認後的機會。

② 換成漲勢或跌勢明確的股票操作。

4. 多頭突然出現跌停

代表多頭慣性初步破壞,先退出,經過整理過後如再創新高,再大膽追回。

5. 下跌中出現反彈

等待拉回,如果沒有再繼續跌破前面的低點,初步出現止跌現象,可以買進,但要嚴守前一日最低點為停損點,再跌破最低點要立刻停損。

6. 大格局呈現同一方向排列

大格局月線、季線多頭排列向上,股價在這兩條均線之上,做多。大格局月線、季線空頭排列向下,股價在這兩條均線之下,做空。

7. 長線短做 獲取波段利潤

一般投資人遇到波段行情,由於無法抱住持股,結果只小賺就賣掉,坐失後面一大段的波段利潤,建議可以採取長線短做的方式,即以月線或季線做為長期的方向,只要均線方向往上不變,就一直做多,而操作則以短期5日或10日為進出依據,如此就能掌握到長波段的利潤了。

第**3**章

採用獲利目標管理策略 避免人性的弱點

為什麼要有股票獲利目標管理？因為，能否在股票市場賺錢獲利的關鍵是情緒的掌控。

任何人對股價的漲跌都會有情緒的反應，為了能避免感情用事，克服心理障礙，除了要訂定方法（訂出操作方法，守紀律操作）之外，也要訂定出目標，做好交易計畫，有計畫的依據執行，能夠冷靜的進行每一次交易，這也是在股市勝出的重要功課。

訂定股票獲利目標管理，具有以下5項優點：

1. 目標設定才能有目的執行動作。
2. 目標設定能夠避免人性的貪婪。
3. 要求達到獲利目標，選股一定都選上升走勢個股，會避開下跌或盤整的股票，賠錢時會立刻出場，因此風險反而最小。
4. 掌握波段趨勢方向，長線短做，短期累積獲利，一樣可以賺到波段利潤。
5. 以事業經營角度做目標管理，可長可久。

▌5步驟學會股票獲利目標管理的方法

　　為了方便說明，我們以年度計畫為周期，在以下逐一說明訂定股票獲利目標管理的方法。投資人可以依據自己的條件，套用在季計畫、月計畫、週計畫，甚至是當沖計畫中。

步驟1：先設定執行目標

　　目標設定一年獲利1倍，換算每半年要達成50%的獲利、每季要達成25%的獲利、每月要達成8.3%的獲利、平均每週要達成獲利2.1%的目標。因此，我們將以每週5個交易日獲利2.1%為執行目標，以下即為達到此獲利目標的具體做法。

步驟2：制定執行策略

1. 選股條件：主流股、強勢股、快速上漲、明日能續漲的股
　　　　　　票標的。
2. 集中火力：手中持股以不超過3檔股票為原則。
3. 操作方式：(1) 採取快進快出策略。

　　　　　　(2) 採取飆股操作法。條件符合，機會出現立刻進
　　　　　　　　場，出現虧損立刻出場，到達獲利目標或出現
　　　　　　　　出場條件，按紀律停利出場。

　　　　　　(3) 以題材面、主流面加技術分析研判是否進場，
　　　　　　　　但完全以技術面決定是否出場。

4. 每週5個交易日，不在出手次數的多寡，而是以達到每週獲

利2.1%為最低目標。

5. 以長期穩定經營為宗旨。

步驟3：掌握買股的黃金時段

1. 開盤 9:00 ～ 9:30 買當日強勢上漲股票。
2. 尾盤 13:00 ～ 13:30 買次日會漲的股票。

步驟4：把握以下進場的黃金時機

1. 打底完成底底高後，回測不破低點的上漲。
2. 盤整完成的大量突破。
3. 均線糾結的放量上攻。
4. 強勢股回檔後的強勢續攻的起漲點。
5. 創新高後回測有撐的再上漲。
6. 末升段的噴出行情。

步驟5：把握以下成功的關鍵

1. 選股能力要強。
2. 要有百分之百的執行力。
3. 短線比長線重要（獲利效率）。
4. 強勢比漲勢重要（時間成本）。
5. 執行比選股重要（紀律執行）。

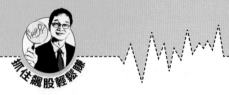
第4章

把投資當事業經營
一生財富賺到老

　　股市是可以永續經營的賺錢事業。經營股市，如同經營其他
事業一樣，需要付出努力，找到方法，堅持信念，才能成功。

　　因此，建議你，如果下定決心要學會股票賺錢的方法，那
麼，就要找到正確的方向、學習正確的觀念及操作方法，才能
走向成功的目標。

▍下定決心 2年半時間即可出師

　　只有處於賺錢的環境、交往賺錢的朋友，才能感受、薰陶、
改變自己，成為賺錢的一族。因此，建議你，用3個月打基
礎、3個月練功，加上2年實戰，即可完成一生的夢想。

　　為什麼經營股市，你就是在經營世界上最棒的行業？因為這
個事業具有以下6項特色：

1. 市場最大，每日成交千億元的市場。

2. 資本最少，10萬元起家不嫌少，50萬元即可養家。

3. 無需店面，一台電腦走天下，一指神功打天下。

4. 個人經營，自己就是老闆，無需面對客戶。

5. 獲利無限，愛賺多少自己決定。

6. 永續經營，市場大門永遠開放，機會天天有。

▌分清楚你要投資還是投機

投資股市與投機股市，是完全不同的思維方式。一般人進入股市，認為自己是正當的投資，結果常受到股價上下波動影響而變成短線交易；也有些人要短線交易賺差價，結果慘遭套牢，變成長期投資。因此，在你投入金錢之前，就要規畫好，以確定要採取何種方式投入股市。

投資 ▶ 長期持有，獲取穩定配股配息收入

想要投資股市，你對公司基本面要深入研究，公司產業的穩定性重於爆發性，每年的獲利狀況如何，該公司股價的合理價位在哪裏。

即使是準備長期投資，也要在相對低檔，採價值型投資買進，否則如果買到歷史高檔價位，一旦股價跌到剩三分之一，即使每年都配股配息，恐怕也彌補不了成本下跌的損失。

當在低檔投資後，遇到大好行情，股價超漲時，也可以暫時賣出，賺取大額利潤，等到回到合理價位再買回。

投機 ▶ 投資於最佳機會，獲取最高報酬率

投機需要智慧及勇氣，股市中的智慧要經過學習及市場的經驗磨練，不斷的學習、修正、驗證、累積失敗與成功的經驗，自然產生信心和勇氣。機會是給準備好的人，成功是給抓住機

會並且堅持不放棄的人。

股票投機的真諦，就是讓錢流向最會漲的股票。在股市中，越會漲的股票越能吸引大眾的追逐，形成「強者恆強」局面。投資則是傾向買進好公司的股票，投機是傾向買進即將上漲，或是還會再漲的好股票。

▌改變錯誤的股票操作習性

散戶操作賠錢，大多都有下列錯誤的操作習性，如果不能改變這些習性，縱使有再多的錢，學完技術分析，都不能改變賠錢的命運。一起來看看你擁有哪些正確的操作習性，請繼續保持下去！

錯誤的操作習性 Check List

□不辨多空，市場亂衝。　　□追高殺低，賠錢第一。
□往下攤平，愈攤愈平。　　□套牢長抱，只等解套。
□東買西買，每個都要。　　□探聽消息，不學操作。
□不做停損，終將大賠。　　□看盤操作，不知所措。

正確的操作習性 Check List

□不猜高低，圖形為憑。　　□自己研判，不受干擾。
□耐心等待，紀律守好。　　□設定停損，跌破就跑。
□不論長短，賺錢就好。　　□集中火力，專心顧牢。
□選到飆股，狠狠賺飽。　　□股市悟道，快樂到老。

無論投資或是投機，股市即道場，因此都需要修行：

1. 學中行：學習中去執行。
2. 行中修：執行中去修正。
3. 修中悟：修正中悟所學。
4. 悟中覺：開悟中覺正道。

▌學會戰勝股市的能力

靠山山會倒，靠人人會跑，學會股票靠自己，一生財富賺到老。想要戰勝股市，你需要具備以下7種能力：

一、分析股市走向的能力

1. 看懂技術分析：K線、均線、切線、波浪型態、支撐壓力、量價關係、型態。
2. 學會技術指標：MACD、RSI、KD。
3. 掌握籌碼變化：三大法人買賣超、融資融券變化、期貨法人倉位變化、成交量。
4. 追蹤環境指標：國際大盤趨勢、國際經濟狀況、世界產業變動、國內產業發展、重大政經政策、兩岸互動。

二、選股能力

1. 找出進出場條件：
   (1) 葛蘭碧8大法則。
   (2) 底部反轉起漲及頭部反轉起跌點。

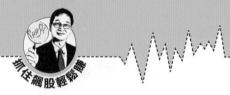
(3) 均線糾結帶量突（跌）破的關鍵點。

(4) 盤整型態結束方向明確後的買賣點。

(5) 波浪型態轉折點。

　2. 懂得如何選飆股：

(1) 鎖股（有題材、有轉機、有前景個股）。

(2) 每日檢視強勢股。

(3) 主流股。

三、操作能力

策略 ▶ 1. 多頭市場：

(1) 順勢做多。

(2) 回跌後上漲再買（低買高賣）。

(3) 操作強勢主流股。

(4) 追高賣更高（起漲發動股）。

　2. 空頭市場：

(1) 順勢做空。

(2) 反彈後下跌再空（高賣低買）。

(3) 操作弱勢股（強力下跌股、本夢比破滅股、飆漲結束反轉股）。

(4) 殺低補更低（高檔起跌股）。

　3. 盤整市場：

(1) 多頭市場低買高賣。

(2) 空頭市場高賣低買。

(3) 停止買賣。

戰法 ▶ 1. 波浪型態波段操作法。

2. 均線操作法。

3. 飆股戰法。

4. K線順勢戰法（傻瓜操作法）。

5. 飆股第二段戰法。

四、資金與風險控制的能力

停損及停利的能力，以及資金分配及控管的能力。

五、遵守重要觀念準則

1. 做多，永遠要做正在上漲的股票；做空，永遠要做正在下跌的股票。

2. 解套的方法，賣出套牢的弱勢股，換買會漲的強勢股。

3. 運氣在長期穩定的操作下所占的百分比是零。

六、情緒管理的能力

1. 守紀律操作：不以個人情緒猜測，遵守紀律進出。

2. 自主操作：不受外界的干擾，以自己的策略操作。

3. 無我操作：只有市場的方向，沒有自己的想法。

七、百分百的執行力

沒有執行力，以上能力皆無用。

▌後記：股市贏家是從失敗中淬鍊出來的

每個人學習技術分析一段時間之後，就可以知道如何在股市中進出的一些基本技術和原則，然後必須經過一段時間的實際操作經驗，才能慢慢體會出其中的道理，進而逐步養成習慣。

在自己的功夫還沒有達到一定程度之前，除了繼續學習、研究之外，多結交股市高手是一條捷徑。

在股市中遇到狀況時，該如何反應的經驗，這可不是一般新手看看書，就能體悟的，因此，多接近贏家，在請益閒談之中，你會學到許多寶貴的經驗，如此將大大節省自己摸索的時間，能夠加速養成賺錢的好習慣。

如果你希望日後把股市操盤當做你的事業，更要向贏家學習，這樣對你股市操作會有絕對的幫助。

在股市中進出，要慢慢建立一套適合自己的方法，遵循固定的模式之後，如有操作失敗的股票，把圖印出來，由當初進場位置開始作檢討，一直到出場為止，看圖上一天天的演變，檢討是否進場太匆促？是否沒有考慮到均線壓力？是否已在高檔？是否已接近壓區？是否成交量有問題……。

同樣的，再檢討一天天的K線及成交量的變化，最後，一定能夠檢討出這次賠錢的原因，經過一次次的回溯看圖，會讓你的功力大增。

這些基本功夫練好之後，最重要、也是最難成就的部分，就是在操作過程的情緒控制，平衡穩定、充滿信心的執行力，才是真正勝敗的關鍵。

　　這一方面，除了在操作當中體會及修正操作心法之外，平日在操盤當中，力求改變自己以往不對的習性，從內心自我觀照，日積月累的強迫自己去改變，慢慢就能成為一種習慣，屆時當你覺得「本來就該如此」的時候，也就是你對股市悟道的時候了。

　　股市中無專家，只有從不斷的失敗中淬鍊出的贏家。

看圖千萬遍，方向自然現。心中無雜念，如來自然見。

附錄

學會辨認型態
股市無往不利

作者把重要常出現的型態一一蒐集詳述在附錄中，讀者經常翻閱，熟悉每種型態的變化，自然可以抓住型態結束時走勢方向及可能的目標機會，尤其是對判別趨勢的反轉以及賺續勢財富的機會特別重要。

附錄

學會辨認型態
股市無往不利

　　股票走勢可分為上升、下跌與盤整等3大部分，除了上升與下跌，大部分的時間多處於盤整階段。型態，就是當行情進入盤整區的走勢，所呈現出不同的特定圖形，每一種型態給予一個名稱。

　　基本上，這些特定圖形是反應不同的主力大戶進出股市當時的心理反應及策略運用，因此，在不同的階段會產生不同的圖形型態。

▌正確判斷型態 才能做對的交易

　　大部分的型態會經常出現，而每種型態後來的發展也不盡相同，本附錄依據股票循環的4個階段來區分，說明每個階段最常見而且最容易辨認的型態，並且詳述如何在盤整區操作，以及對型態應採取的操作策略。

　　一般常見的型態約30餘種，其中重要的約有10餘種。正確判斷型態，可以採取適當的交易方法。例如，有些型態意味著趨

勢非常可能反轉，此時最好獲利了結或認賠出場；另一些型態意味著該檔股票沒有明確的績效表現，最好避免介入。

▌面對型態的3種因應策略

任何型態都沒有百分之百的成功率，因此，當再好的型態出現時，仍然要面對市場的變化因應，千萬不可有一廂情願的想法。型態目標價的預測，僅是統計的概率，而非絕對能夠達成的價位。以下提供3種面對型態的因應策略：

1. 未確認前，持續順勢單向操作

由於型態的發展是經過一段時間後才形成的，在未確認之前，仍以原方向順勢操作為宜，千萬不要自己猜後面會走什麼型態，讓自己的操作陷入固定的想法之中。

2. 確認進入盤整時，退出觀望

確認進入盤整時，可採取退出觀望；如果型態上下高低頸線有一定的價差，可採取高出低進策略賺差價。

3. 即使型態末端確認，也要設停損

型態完成往上突破或往下跌破才確認，未確認前，不可自己猜方向；確認後，進場不可忘記設停損。

底部型態觀察重點及操作策略

▎一、頭肩底

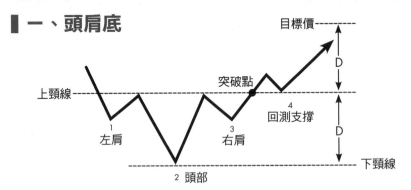

註：D為距離，代表價差。

　　頭肩底是容易辨識而且成功率極高的一種底部反轉型態，由左右兩個肩（1、3）及一個頭部低點（2）組成。一旦帶量突破上頸線後，容易上漲。頭肩底特色説明如下：

1. 3個明顯的波底，中間的波底稱為頭部，低於兩邊的波底（左肩、右肩），兩肩以頭對稱，價位亦略約相等。

2. 成交量通常由左肩往頭部、右肩遞減，突破頸線時，通常會帶大量，小量突破未必代表突破，容易失敗或上漲幅度會較小。

3. 目標價＝突破點＋D段距離。

4. 目標價位達成率高達83%，拉回測試頸線機率約52%，屬於可靠的型態之一。

5. 頭部與肩的價格有明顯的距離，如果三底的價位相近，則為三重底。

6. 頸線由左向右下傾斜的型態，漲幅較大。

▌二、複式頭肩底

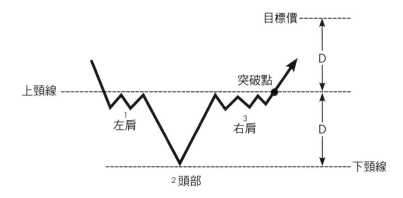

1. 反轉看多的機率約75%。
2. 有3個明顯的波底，中間的波底稱為頭部，低於兩邊的波底
　（左肩、右肩），兩肩為多個小波盤整，與頭對稱，時間及
　價位亦略約相等。
3. 成交量通常由左肩往頭部、右肩遞減，突破頸線時，通常會
　帶大量，小量突破未必代表突破，容易失敗，或上漲幅度會
　較小。
4. 目標價＝突破點＋D段距離。
5. 目標價位達成率高達80%，拉回測試頸線機率約50%，屬於
　可靠的型態之一。
6. 大量往上突破、右肩高於左肩，漲幅較大。
7. 不可跌破右肩最低點。

▌三、雙重底（W底）

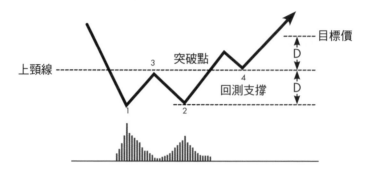

1. 雙重底又稱為W底，由兩個低點（1、2）及一個反彈高點（3）組成。

2. 兩個底部（1、2）是兩個明顯的轉折點，且兩點價位相同或很接近。兩點間相隔數週之久。

3. 第一個底部點的成交量一般大於第二個底部。突破之前，成交量呈下降趨勢。

4. 通常以大量突破反彈高點（3），突破此點，W底即告完成。

5. 失敗機率約64%。如果W底前面為重要支撐，成功機率提高到50%。

6. 不可跌破第二低點的價位。

7. 目標價＝突破點＋D段距離。

8. 向上突破後，價格經常（約70%機率）回測到確認點價位有支撐（4）再往上走勢確立，此處為較安全的進場點或考慮加碼位置。

▌四、三重底

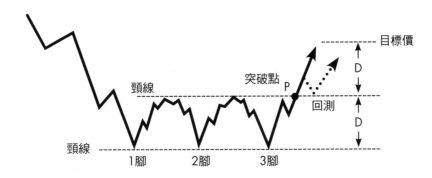

註：P為突破點。

1. 短期反轉看多機率66%。
2. 3個轉折低點，彼此間隔一段距離，且價位相近。
3. 底部長時間形成，在週線上可看出，兩峰通常呈圓弧頂形狀。
4. 盤整區成交量呈下降趨勢，但3個腳的成交量可能很大。通常第一支腳最大，第三支腳最小；突破後，成交量會漸縮。
5. 目標價＝向上突破點＋D段距離。
6. 向上突破，達到目標價機率95%。
7. 拉回測試頸線機率有70%。可以考慮回測後再進場或加碼。
8. 以收盤價突破，才算真正的突破。

▌五、前跌菱型

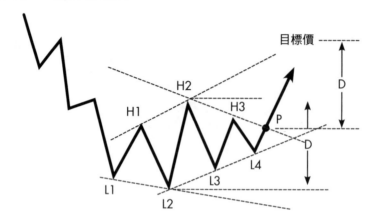

註：P為突破點，L為低點，H為高點。

1. 短期反轉看多機率80%。

2. 左邊先走喇叭型，右邊走出收斂三角型。

3. 結構不一定對稱，也不規則，大體呈現菱型。

4. 盤整區成交量多呈下降趨勢，通常帶量突破。

5. 目標價＝向上突破點＋D段距離。

6. 向上突破，達到目標價機率90%。

7. 拉回測試頸線機率有40%。

8. 以收盤價突破才算真正的突破。

9. 此型態完成前的盤整期較長，形成密集區域，因此會成為後
   續走勢的壓力或支撐區。

10. 本型態常見於底部，但也可能發生在續勢。

▎六、圓弧底

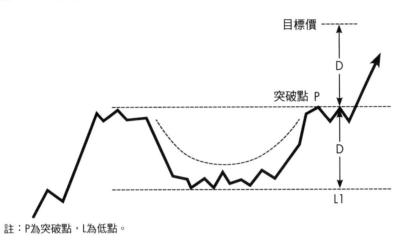

註：P為突破點，L為低點。

1. 長期整理排列，採週線圖佳，也可以採用日線圖。
2. 外觀似圓形碗狀，開口朝上的圓弧狀走勢。
3. 有左弧柄，一般會因突破後回檔整理形成右弧柄，但並不一定就會有右弧柄。
4. 長期看多，向上突破型態的機率達85%。
5. 通常成交量也呈現圓弧向上開口形狀。
6. 突破點為右弧柄的最高點，如果沒有右弧柄，則以左弧柄的高點為突破點。
7. 目標價位＝突破點＋D段距離
8. 買進訊號：圓形底右邊上漲到達杯口左柄高點附近，可能回檔形成右柄，在右柄部盤整過程，當股價向上突破高點或盤整區的下降切線，均為買進訊號。

▌七、下降楔型

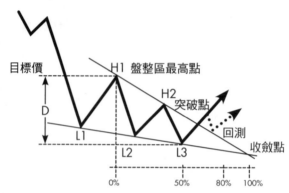

註：P為突破點，L為低點，H為高點。

1. 下降楔型屬於獲利潛能很高的排列，但此排列較少見。

2. 短期看多的反轉型態，發生機率90%。

3. 經常發生在空頭末跌段，然後反轉向上。

4. 收盤價突破經常都會成功。

5. 拉回測試頸線的機率近50%

6. 盤整區內成交量呈下降趨勢，大小量突破皆可。

7. 大量突破較易拉回。

8. 有30%的狀況會向下假跌破後又回盤整區內，再向上突破。

9. 型態盤整中，可採單向順勢操作；接近收斂點前，等待向上
突破之後才買進。

10. 可在回測走勢完成而價格又開始上漲的時候買進或加碼。

11. 時程要大於20天，否則屬於旗形。

▌八、V型底

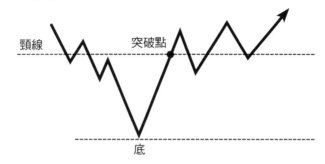

頸線　　　　　突破點

底

1. V型底是所有型態圖形最難預測的，即使型態完成，股價方向不易預測。
2. V型反轉的吸引力在於快速反轉，短時間3～5天就有可觀的利潤。
3. V型底分為3部分：
   (1) 左側持續或急速下跌，成交量漸縮，下跌中會有不規則的凸出量。
   (2) 下跌到最低反轉點，通常出現帶大量的長下影線或十字線作收。
   (3) 反轉右側股價連續大漲，成交量隨股價上漲不斷放大。
4. V型反轉，底部是否有大成交量是重要觀察點，由於此一型態出現機率不大，即使有此反轉可能而進場時，反轉低點為停損點，不可跌破。
5. 右側上升快速，當股價上漲而量萎縮時，大約快到高點，有高檔出貨現象，要快速離場。
6. 即使突破左側高點，也無法預測目標價。

▍九、一字型底（潛碟型）

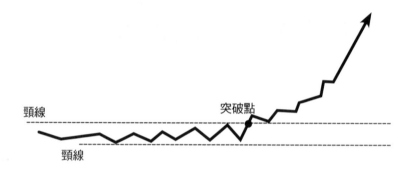

1. 一字型底是所有型態最容易辨認的圖形。

2. 一字型發動後的漲幅都很可觀，所以是做長波段的人最愛的型態。在底部盤整愈久的一字型，未來上漲的空間愈大，往往利潤都是數倍之多。

3. 一字型盤整時間很久，很容易進場後又被洗出去，一旦發動時往往又快又急，一般投資人根本不敢追進而坐失良機。

4. 一字型底在盤整期間成交量出奇的少，一直到某個價位突破到達新高價後，成交量才逐步放大。

5. 如果型態下沿跌破，也有可能繼續往下。

頭部型態觀察重點及操作策略

▌一、頭肩頂

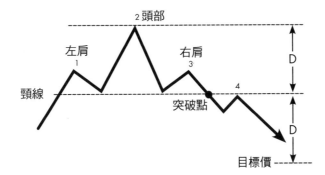

頭肩頂是容易辨識而且成功率大於90%的一種頭部反轉型態，由左右兩個肩（1、3）及一個頭部高點（2）組成。一旦帶量跌破頸線後，將大跌。頭肩頂的特色說明如下：

1. 有3個明顯的波峰，中間的波峰稱為頭部，高於兩邊的波峰（左肩、右肩），兩肩以頭對稱，價位亦略約相等。

2. 成交量通常由左肩往頭部、右肩遞減，跌破頸線通常會帶大量，小量跌破未必代表跌破，容易失敗或下跌幅度會較小。

3. 目標價＝突破點－D段距離。

4. 目標價位達成率高達63%，拉回測試頸線機率約45%，屬於可靠的型態之一。

5. 頭部與肩的價格有明顯的距離，相近則為三重頂。

6. 頸線向下傾斜或右肩低於左肩的型態，跌幅通常較大。

7. 交易策略：不需等待突破頸線確認，在右肩出現時，即可賣
   出持股或放空，因為93%的潛在排列都會向下跌破。

▋二、複式頭肩頂

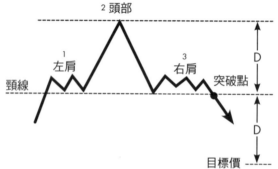

1. 反轉看空的機率約95%。
2. 有3個明顯的波峰，中間的波峰稱為頭部，高於兩邊的波峰
   （左肩、右肩），兩肩為多個小波盤整，與頭對稱，時間及
   價位亦略約相等。
3. 盤整區內成交量通常遞減，突破頸線時，不一定要大量。
4. 目標價＝突破點－D段距離。
5. 目標價位達成率高達70%，拉回測頸線機率約75%，屬於可
   靠的型態之一。
6. 帶大量向下跌破，未來跌幅會較大。
7. 不可漲破右肩最高點。
8. 如果頭部與兩肩價位相差不很大，型態又似圓弧頂。

▌三、雙重頂（M頭）

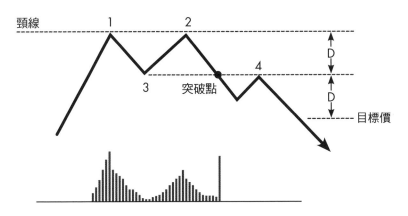

　　M頭又稱為雙重頂，由兩個高峰點（1、2）及一個回檔低點（3）組成。M頭特色說明如下：

1. 兩個高峰點（1、2）是兩個明顯的轉折點，且兩點價位相同或很接近。兩點間相隔數週之久。

2. 第一個高點的成交量，一般大於第二個高點。

3. 兩高峰間距愈近，所夾谷底愈深，向下跌破時成交量愈大，隨後跌勢愈大。

4. 帶量跌破低點（3），跌破此點，M頭即告完成。

5. 失敗機率約65%。

6. 目標價＝突破點－D段距離。

7. 向下跌破後，價格經常（約70%的機率）回測到確認點（3），該點價位有壓力（4）再往下即走勢確立，此處為放空進場點。

▌四、三重頂

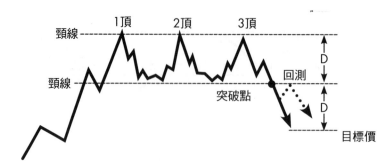

1. 短期反轉看空機率80%。

2. 3個轉折高點，彼此間隔一段距離，且價位相近。

3. 頭部長時間形成，在週線上可看出，兩底通常呈圓弧碗形。

4. 盤整區成交量呈下降趨勢，但3個頂的成交量可能很大。

5. 通常第一頂最大，第三頂最小。突破後成交量會漸增。

6. 目標價＝向下突破點－D段距離。

7. 向下突破，達到目標價機率50%。

8. 反彈測試頸線機率有80%。可以考慮反彈後，再進場放空或加碼。

9. 以收盤價突破，才算真正的突破。

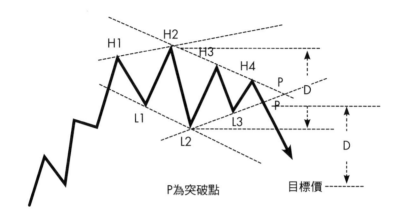
▌五、前漲菱型

H1 H2 H3 H4 P P D

L1 L2 L3 D

P為突破點 目標價

1. 短期反轉看空機率80%。

2. 左邊先走喇叭型，右邊走出收斂三角型。

3. 結構不一定對稱，也不規則，大體呈現菱型。

4. 盤整區成交量多呈下降趨勢，通常帶量突破。

5. 目標價＝向下突破點－D段距離。

6. 向下突破，達到目標價機率80%。

7. 拉升測試頸線機率有60%。

8. 以收盤價突破才算真正的突破，突破下跌成交量多會放大。

9. 此型態完成前的盤整期較長，形成密集區域，因此會成為後續走勢的壓力或支撐區。

10. 本型態常見於頭部，但也可能發生在續勢。

■ 六、圓弧頂

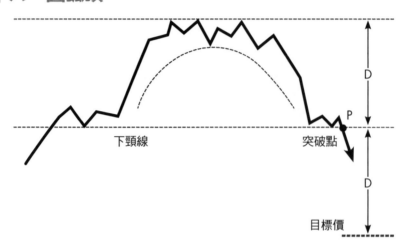

1. 圓弧頂的型態比較少見。
2. 通常股價到達高檔區，因多空力道逐步產生變化而產生。
3. 圓弧頂的觀察重點在於成交量的遞減，成交量的逐漸減少，
   表示人氣退潮，股價撐不住就會下跌。
4. 目標價＝突破點－D段距離。
5. 要等待右邊跌破下頸線，型態才完成。

▌七、上升楔型

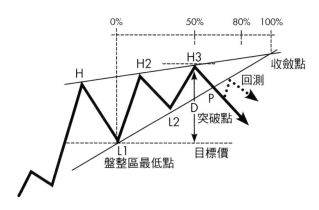

1. 短期看空的反轉型態，發生機率80%。
2. 經常發生在多頭末升段後的延伸波，然後反轉向下；也會發生在下降趨勢過程中的一段反彈而形成上升楔型，向下突破後繼續下跌。
3. 以收盤價突破型態的突破點，完成型態的成功率約95%。
4. 盤整區內成交量呈下降趨勢（是辨識此型態其中一項重要依據），大小量皆可突破。
5. 盤整區內成交量放大，容易失敗。
6. 目標價：盤整區內的最低點。
7. 向上假突破後又跌回盤整區內，容易向下突破。
8. 在盤整型態中，可採單向操作，接近收斂點前，等待向下突破之後才進場放空。也可在回測後再進場。
9. 放空後，如出現向上反轉的徵兆，最好立即獲利了結。
10. 時程要大於20天，否則屬於旗型。

▊八、倒V型頂

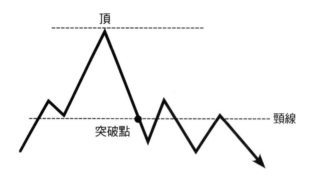

1. 倒V型經常發生在上漲的末升段，價急速上漲到最高點，然後急速的下跌。

2. 觀察重點為急速上漲時成交量會一直放大，但是下跌時成交量快速萎縮，操作時遇到末升段的快速噴出，當最大量時K線出現危險信號時，要立刻斷然出場，才能保持戰果。

3. 即使跌破左側低點，也無法預測走向或目標價。

中繼型態觀察重點及操作策略

　　股價在上漲或下跌的過程中,因多空力道的纏鬥而在途中產生暫時的盤整,此時的型態稱為中繼型態。中繼型態一般都是依照原來方向繼續前進,少數會形成反轉,以下歸納出較為可信賴的8個型態做說明。

▌一、箱型

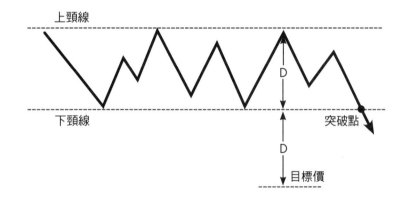

1. 在一段時間,股價波動於上下區間內,將上下頸線劃出,像在一箱子中前進。
2. 當箱型被突破時,代表多空僵持後分出勝負,股價將往突破方向繼續前進。
3. 排列的上下頸線至少各有2個觸及點。
4. 成交量一般向上突破,趨於量增;向下跌破,趨於縮小。
5. 上下頸線的價差,即為突破後的最低目標價位。

▍二、旗型

1. 快跌上升旗型

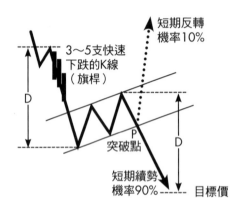

3~5支快速
下跌的K線
（旗桿）

短期反轉
機率10%

D

P

突破點

短期續勢
機率90%

目標價

2. 快漲下降旗型

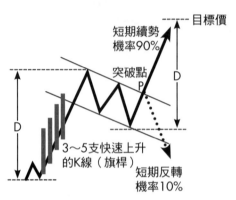

目標價

短期續勢
機率90%

突破點

P

D

D

3~5支快速上升
的K線（旗桿）

短期反轉
機率10%

1. 旗型的形狀是傾斜的平行四邊形，一般常見的為上升旗型及
   下降旗型。

2. 要有快速上升或下跌的K線3～5支，盤整區則在20支以內。

3. 盤整區內成交量呈下降趨勢，大小量突破皆可。

4. 盤整後續勢方向發生機率90%，反轉發生機率10%。

5. 目標價距離以正波段預測法（即以突破前面波段的漲幅，預
   測型態之後會有相同的漲幅）預測。

6. 突破方向與原方向不同時，要注意是否假突破，如果位置在
   高檔或是低檔，則反轉可能性較高。

▌三、三角型

1. 前跌三角型

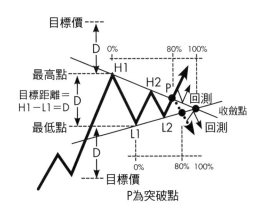

P為突破點

2. 前漲三角型

P為突破點

1. 價位在上下頸線高低來回波動時慢慢縮小，呈現一個三角形
   向前收斂。

2. 三角形末端突破決定最後方向，收盤價突破經常都會成功。

3. 盤整區內成交量呈下降趨勢，大小量皆可突破。

4. 大量突破，漲跌幅會較大，但日後易回測。

5. 在型態盤整中，可採單向順勢操作；接近收斂點前，可退出
   觀望。

6. 為了防範三角形型態反轉，一定要等到真正突破確認方向後
   進場。

▌四、喇叭型

1. 前跌喇叭型

2. 前漲喇叭型

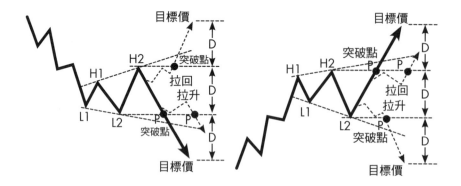

1. 盤整之前，要有一個月以上的下跌或上漲時間。

2. 呈現頭頭高、底底低的向右擴散喇叭，最少有2個高點及2個低點，且高低點不可交叉。

3. 盤整區成交量無固定方式，大小量都能突破，此一型態可不必考慮成交量。

4. 盤整後續勢方向發生機率，與反轉發生機率約相同。

5. 目標價＝（為突破前盤整區內最高點－最低點）±突破點。

6. 突破前有拉升或拉回走勢，則向下或向上突破機率增加。

真突破（跌破）的3種情況：

1. 以收盤價突破才算突破；上下影線的突破為假突破。

2. 突破時的收盤價位，必須大於或等於突破點的3%。

3. 突破後，最少要停留3天。

▌五、上傾喇叭楔型

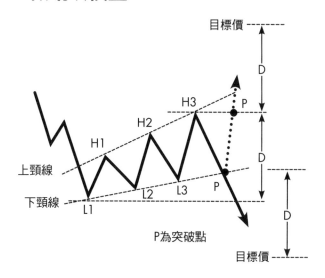

P為突破點

1. 頭頭高，底底高，向上傾斜喇叭型態。
2. 至少3個高點（不一定都觸碰到上頸線）及3個低點。（第3個低點不一定成功）
3. 短期看空，發生機率達80%。
4. 成交量在盤整區內呈現不規則，接近突破點或突破後，成交量經常放大。
5. 盤整區最高點及下頸線為突破點。
6. 目標價＝突破點±D段距離

六、下傾喇叭楔型

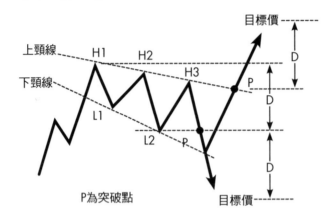

P為突破點

1. 頭頭低，底底低，向下傾斜喇叭型態。

2. 至少2個高點（不一定都觸碰到上頸線）及2個低點。

3. 短期看多，發生機率達80%。

4. 成交量在盤整區內隨時間而增加，接近突破點或突破後，成交量經常放大。

5. 盤整區最低點及上頸線為突破點。

6. 目標價＝突破點±D段距離

7. 此型態在下跌趨勢中往下跌破，仍續勢看空。

七、上升直角三角型

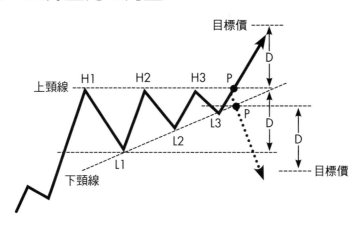

1. 短期往上續勢機率66%。
2. 上頸線略約水平，至少2個高點，下頸線呈上升切線，至少2個轉折低點，兩線呈三角收斂。
3. 盤整區成交量多呈下降趨勢。大小量突破皆可。
4. 目標價＝突破點±D段距離。
5. 如果型態向上突破，達到目標價機率90%。
6. 大量突破漲幅較大。

▌八、下跌直角三角型

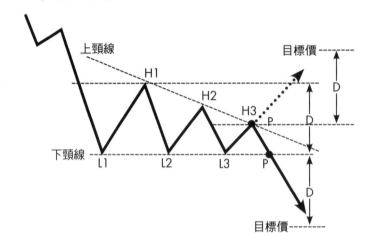

1. 短期往下，續勢機率66%。

2. 下頸線略約水平，至少2個低點，上頸線呈下降切線，至少2個轉折高點，兩線呈三角收斂。

3. 盤整區成交量多呈下降趨勢。大小量突破皆可。

4. 目標價＝突破點±D段距離。

5. 如果型態向下突破，達到目標價機率65%。

6. 大量突破跌幅較大，日後拉升測試下頸線機率有65%。

投資筆記

抓住飆股輕鬆賺

作者：朱家泓

出版部總編輯：賴盟政
副總編輯：李文瑜
美術設計：楊雅竹

....

董事長：李岳能
執行長：張家嘉
發行人：童再興
社長兼總編輯長：李美虹

發行：金尉股份有限公司
地址：台北市104南京東路二段6號6樓
電話：02-2511-3511
傳真：02-2511-7006
讀者信箱：service@berich.net.tw
網址：www.moneynet.com.tw

....

製版印刷：科樂印刷事業股份有限公司
總經銷：聯合發行股份有限公司

....

初版1刷：2011年7月
二版1刷：2011年8月
三版1刷：2017年6月
定價：320元
版權所有 翻印必究
Printed in Taiwan

國 家 圖 書 館 出 版 品 預 行 編 目 資 料

抓住飆股輕鬆賺 / 朱家泓著. -- 初版. --
臺北市：金尉, 2017.06
332面；17×23公分
ISBN 978-986-94047-8-5（平裝）
1.股票投資 2.投資技術 3.投資分析
563.53 　　　　　　　　106008008

Money錢

Money錢